파워레인저 다이노포스

종이공작 다이노포스

<만들기 전에 읽어요>

차분하게 천천히 만들면 누구나 멋진 파워 다이노를 완성할 수 있어요.

- 준비물을 확인하세요.
  풀이나 목공용 접착제 또는 양면테이프

- 조각을 떼어 낼 때 가위나 칼을 사용하면 더 깔끔한 작품을 만들 수 있어요.
  ※칼을 사용할 때에는 부모님의 도움을 받으세요.

- 풀칠하기 전에 미리 조립해 보세요.
  떼어 낸 모형 종이 조각을 잘 접은 뒤에 풀칠할 곳을 확인하고 붙이면
  실수를 줄일 수 있어요.

- 풀칠할 때는 얇게 발라서 붙이세요.
  풀이나 목공용 접착제를 너무 많이 바르면 밖으로 흘러 나와 지저분해져요.
  넓은 면에 풀칠할 때는 외곽선에만 풀칠하세요.

- 확실히 붙을 때까지 손으로 꼭 누르고 기다리세요.
  목공용 접착제나 양면테이프로 붙이면 더 단단하게 붙일 수 있어요.

- 반드시 설명서에 나오는 순서대로 붙이세요.

머리1 A-1(1)

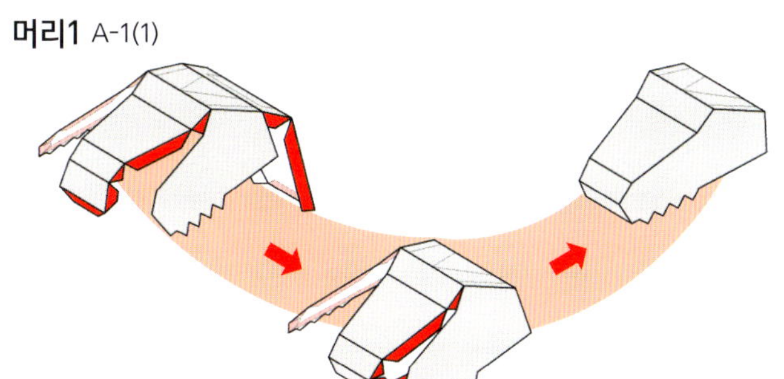

머리2 A-1(2)

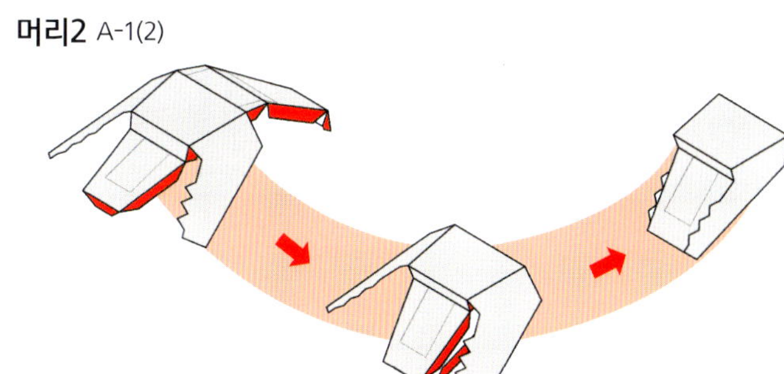

총 A-1(3)

몸통 A-3

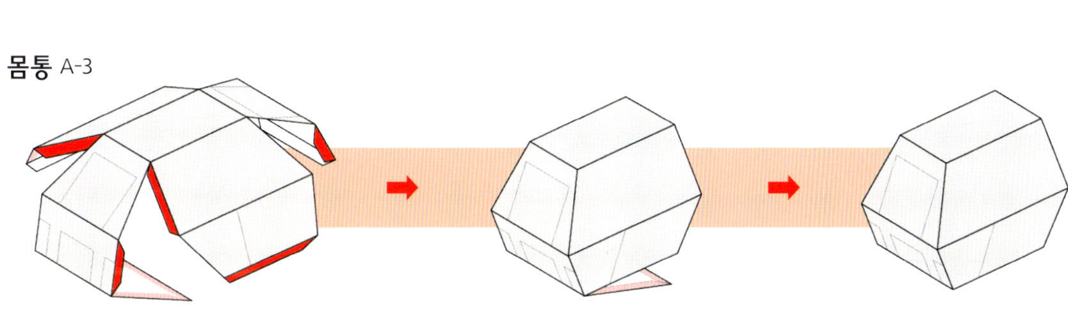

뒷다리 A-6b, A-6a

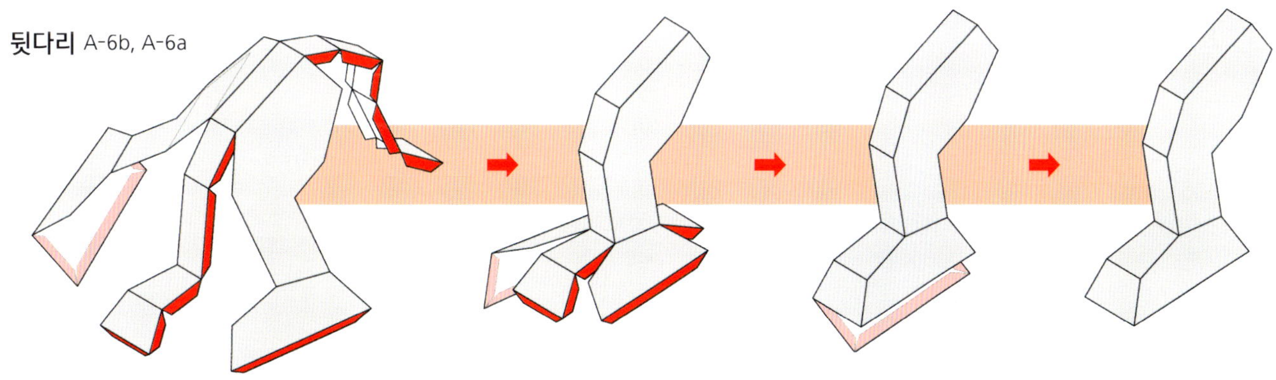

꼬리 A-4(1)

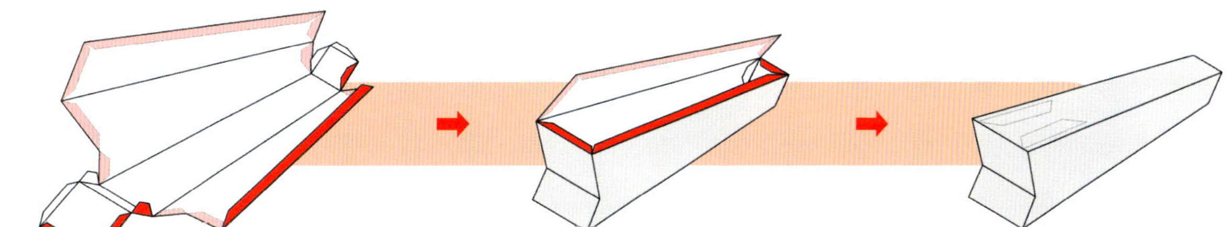

머리 A-1
조립 방법

꼬리 A-4
조립 방법

목 A-2

앞다리 A-5

가브티라 조립 방법

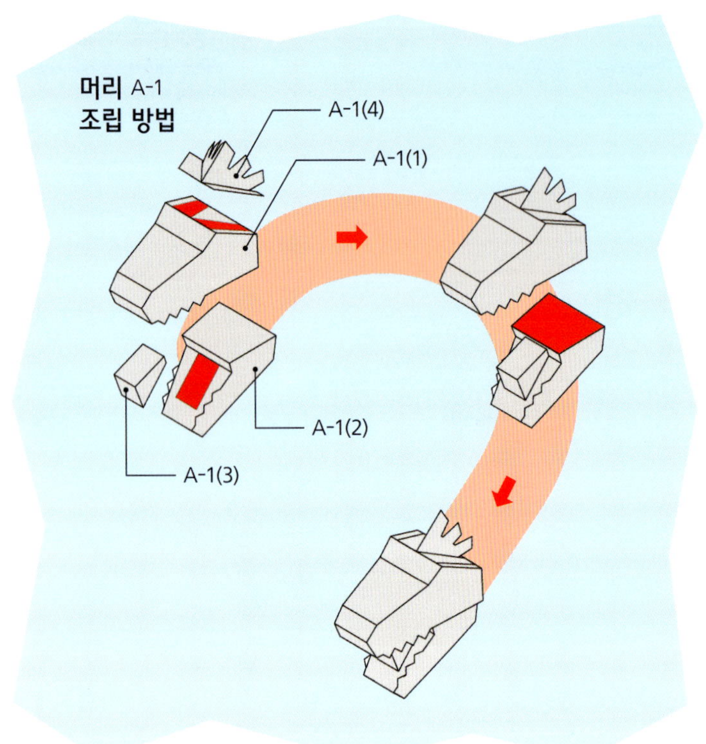

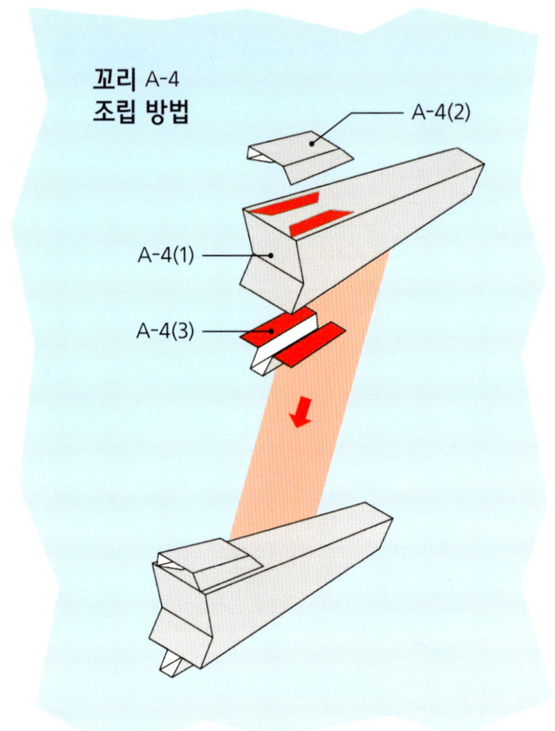

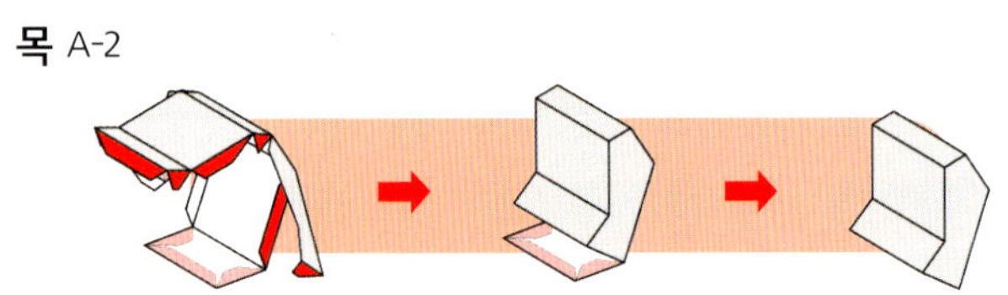

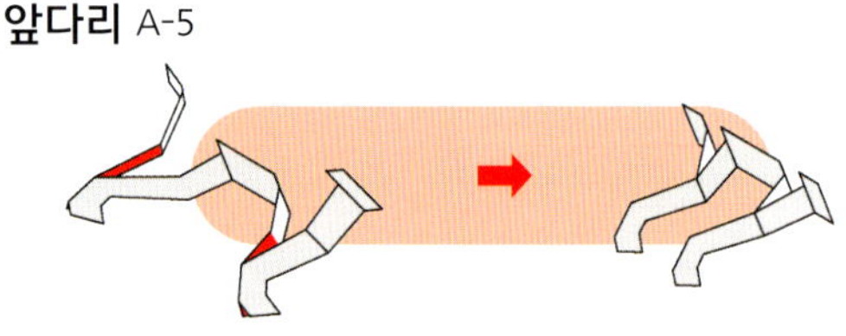

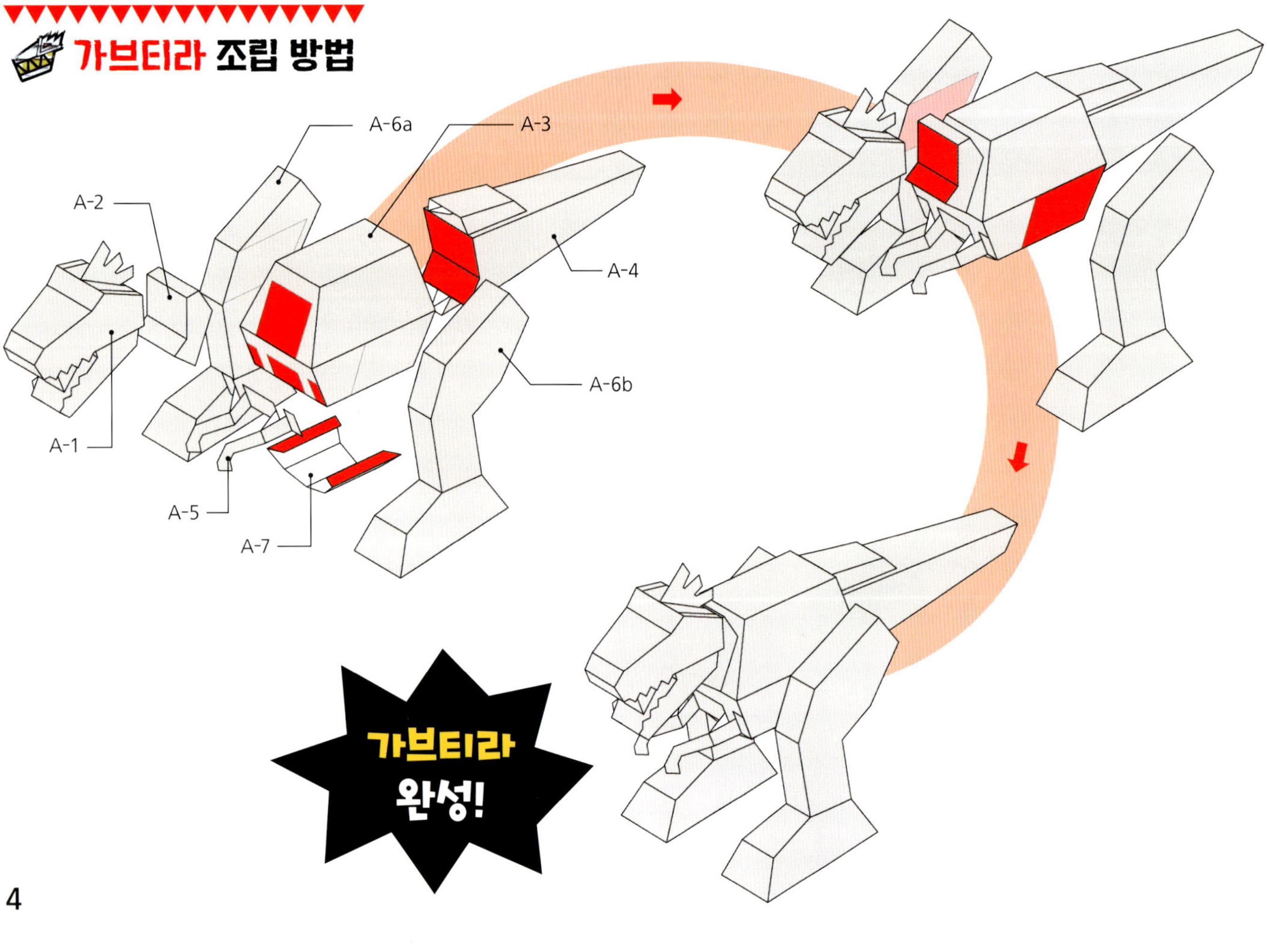

머리 B-1(1)

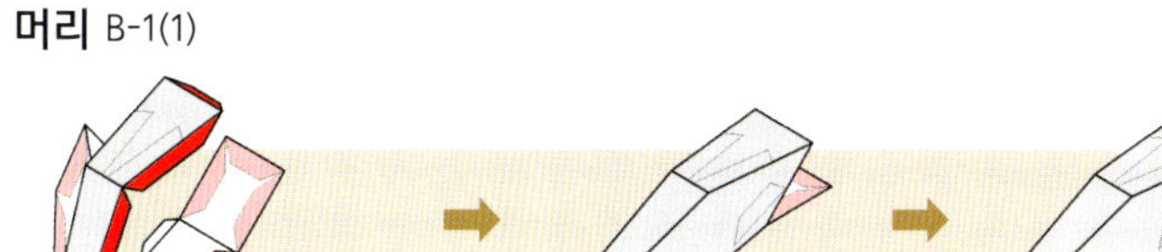

머리 B-1
조립 방법

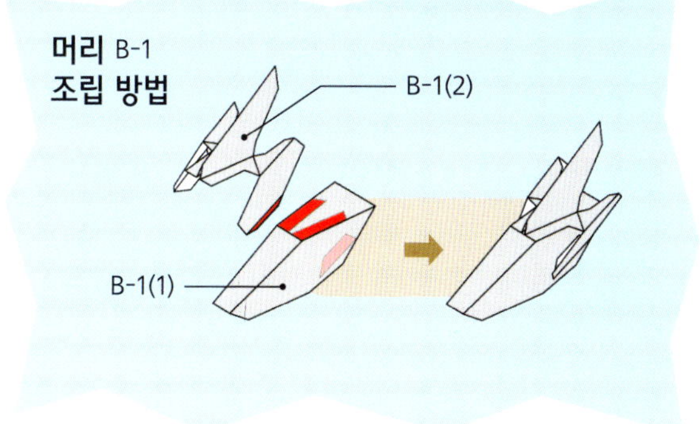

몸통 B-3

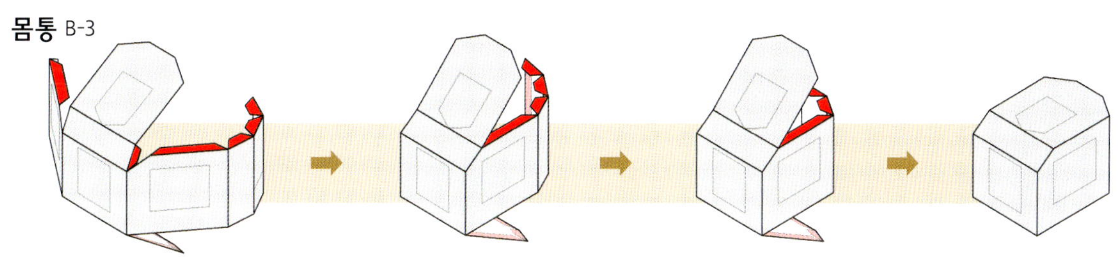

날개1 B-5(1b) / B-5(1a)

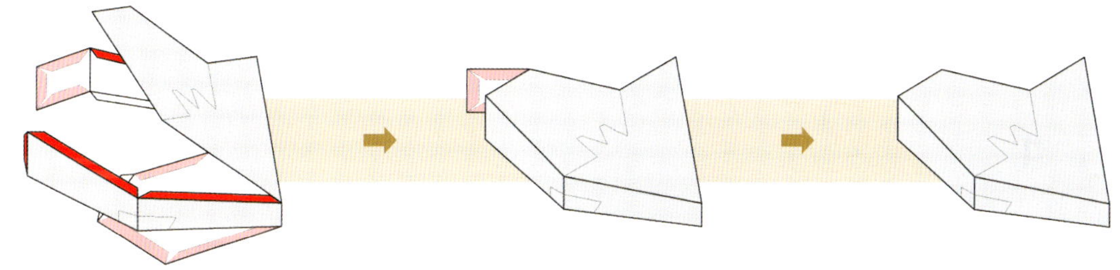

날개2 B-5(2b) / B-5(2a)

꼬리 B-4

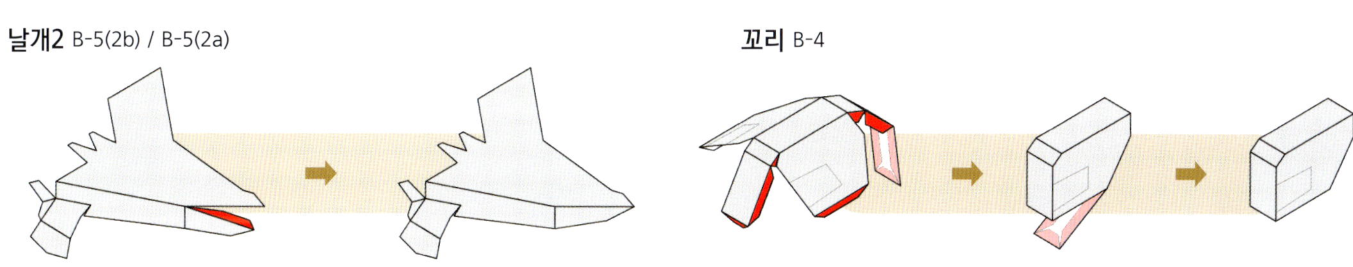

등 B-7

목 B-2

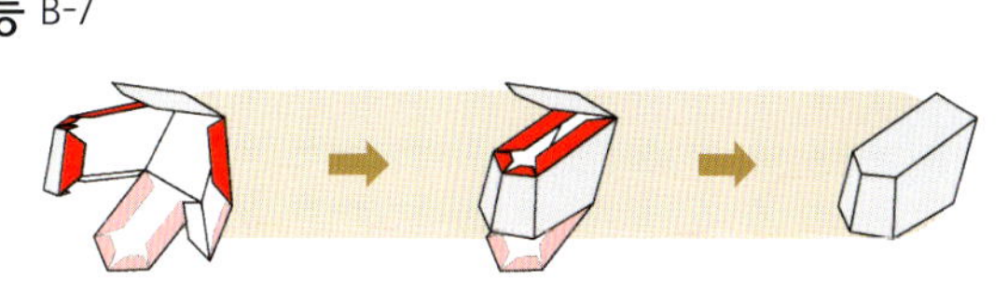

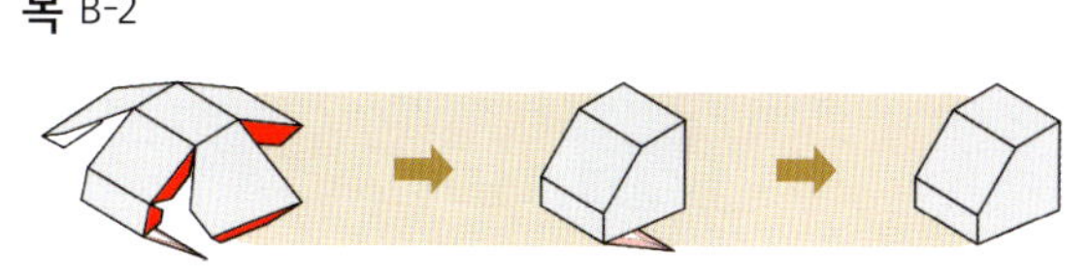

다리1 B-6(1b) / B-6(1a)

다리2 B-6(2b) / B-6(2a)

날개 B-5b / B-5a
조립 방법

다리 B-6b / B-6a
조립 방법

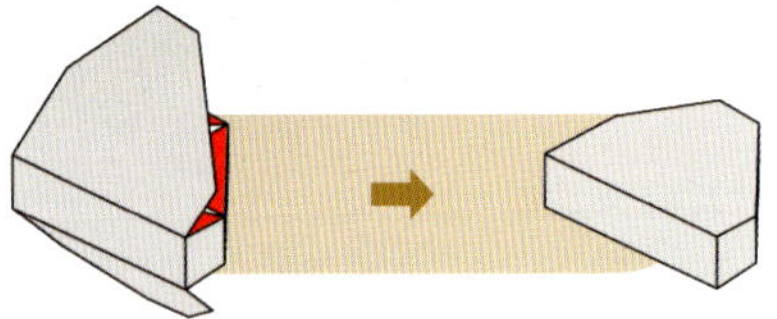

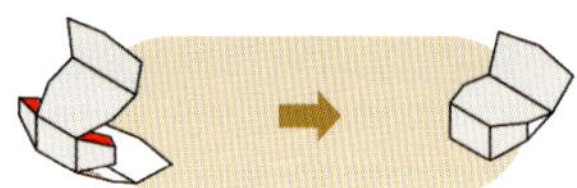

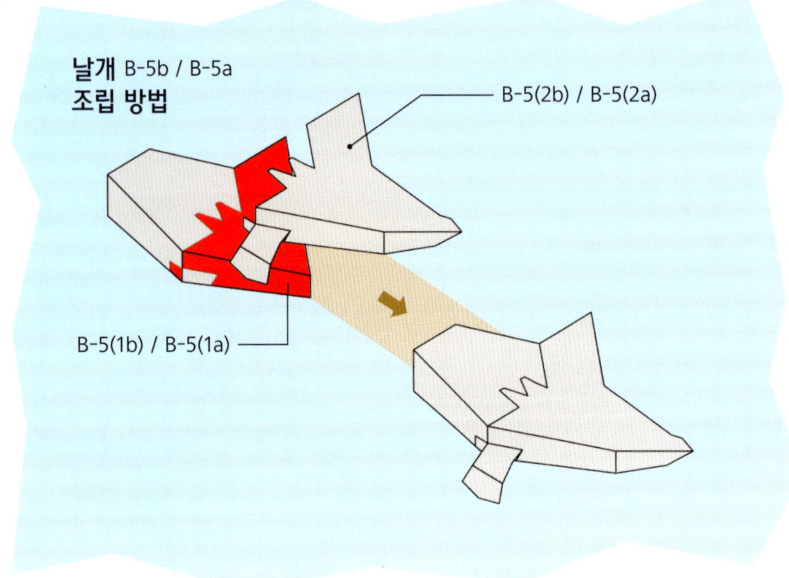

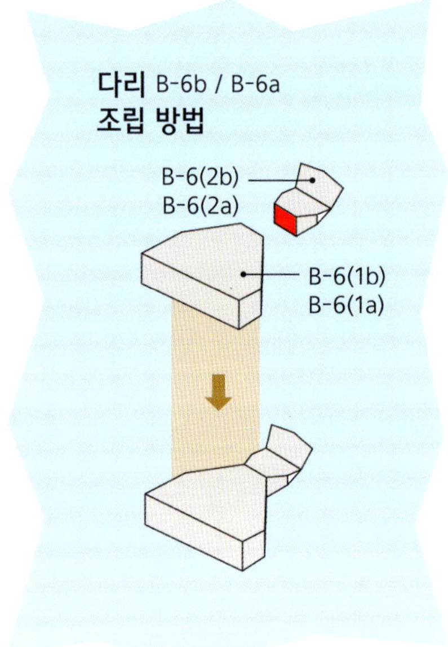

프테라고돈 조립 방법

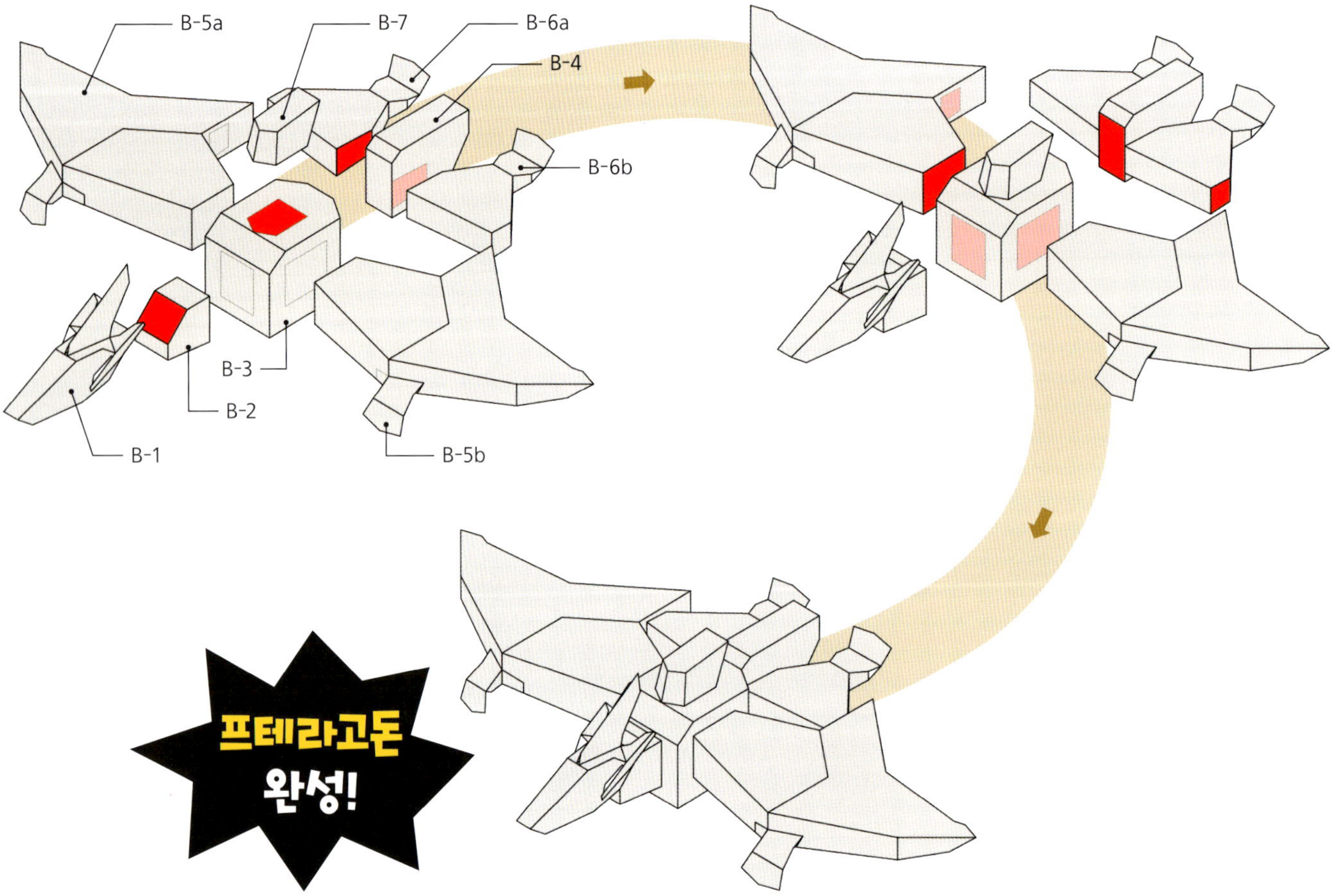

머리 C-1

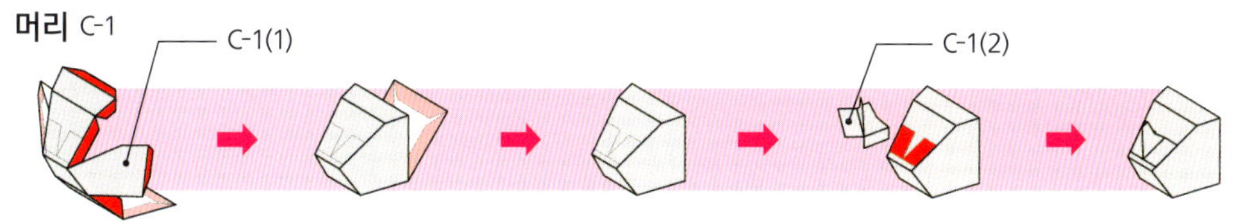

몸통 C-2

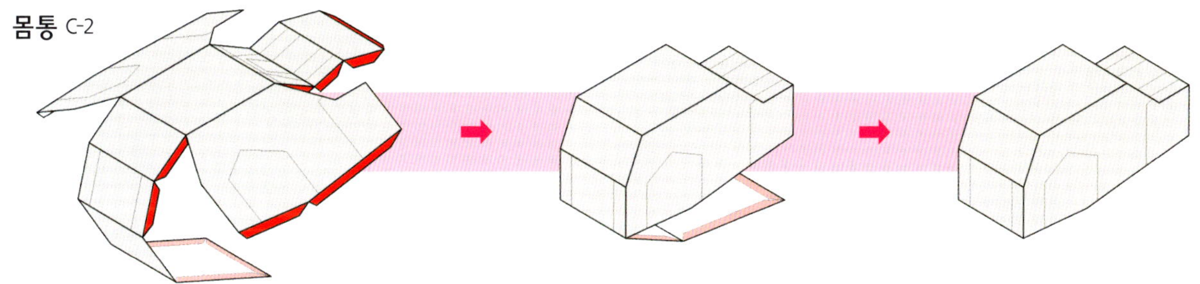

꼬리1 C-3(1)

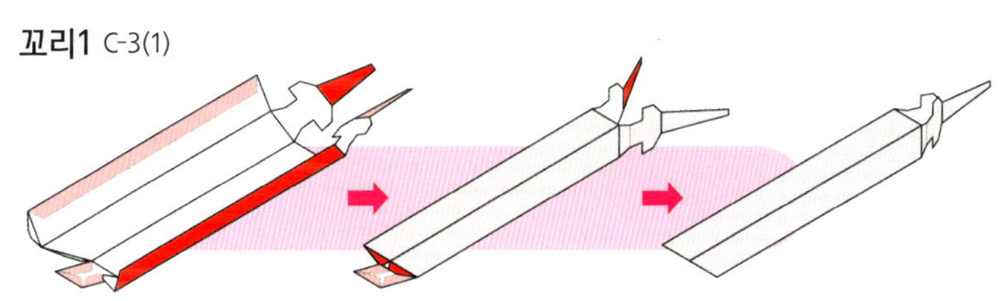

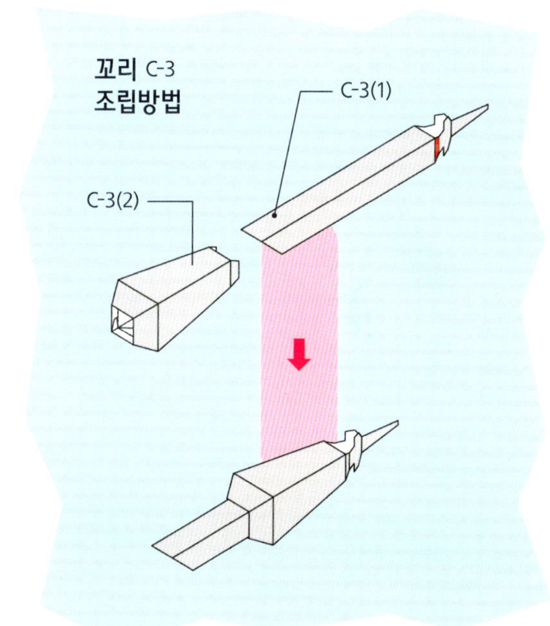

꼬리2 C-3(2)

앞다리 C-4b / C-4a

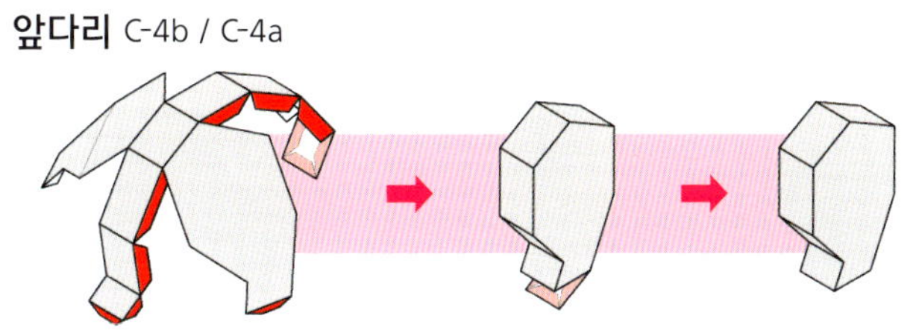

뒷다리 C-5b / C-5a

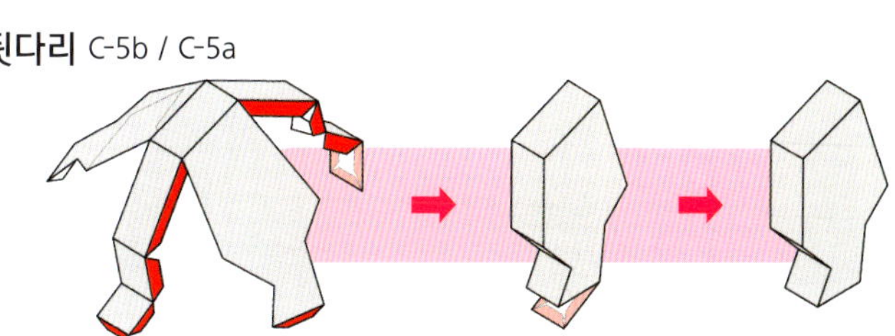

뿔 받침 C-6(1)

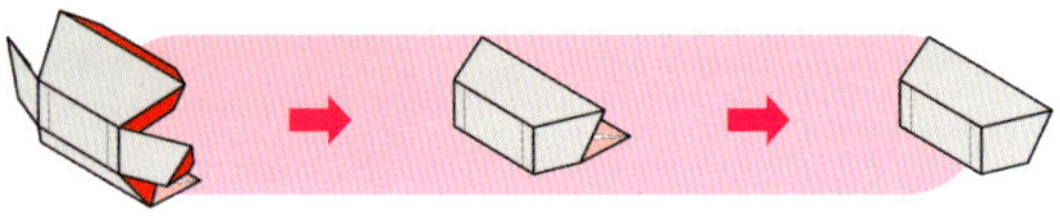

프릴 C-7

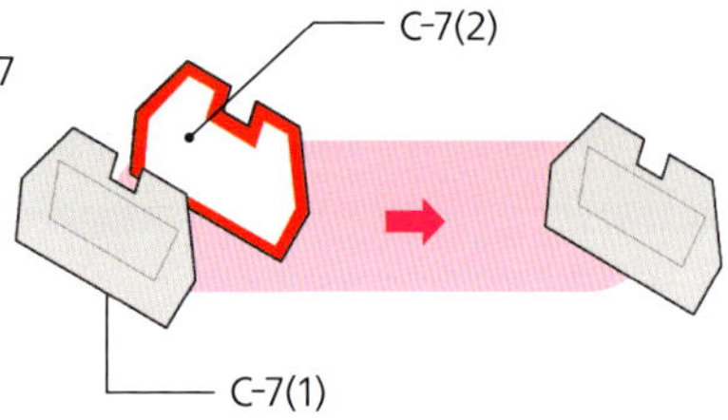

C-7(2)

C-7(1)

뿔 C-6
조립 방법

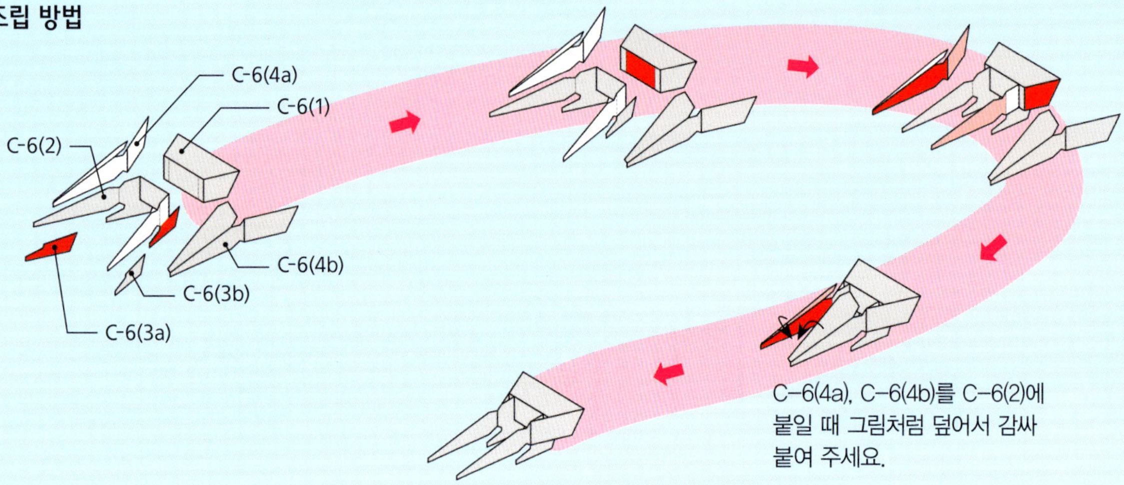

C-6(4a)
C-6(1)
C-6(2)
C-6(4b)
C-6(3b)
C-6(3a)

C-6(4a), C-6(4b)를 C-6(2)에 붙일 때 그림처럼 덮어서 감싸 붙여 주세요.

드릴케라 조립 방법

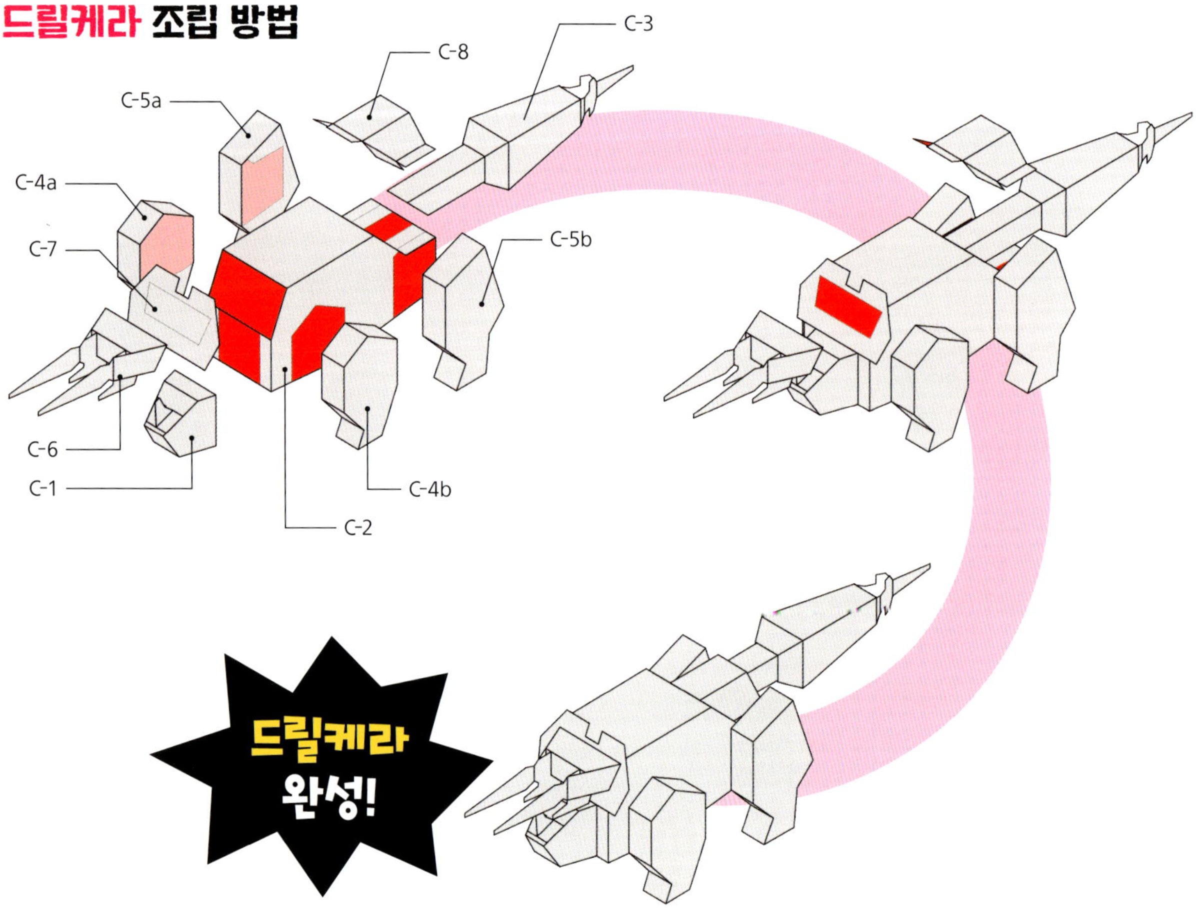

C-8
C-3
C-5a
C-4a
C-7
C-5b
C-6
C-4b
C-1
C-2

드릴케라 완성!

머리 D-1

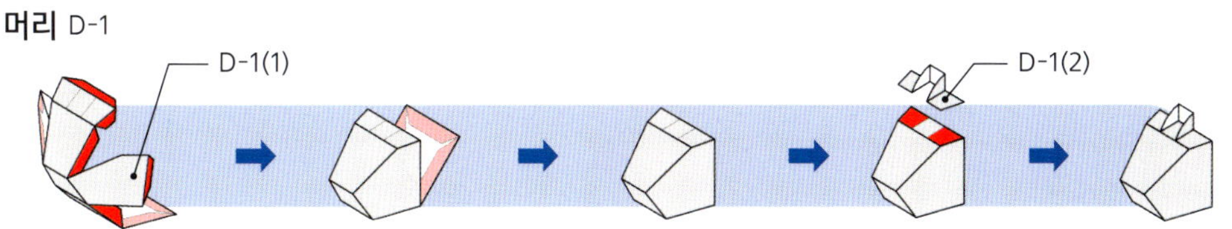

몸통 D-2(1)

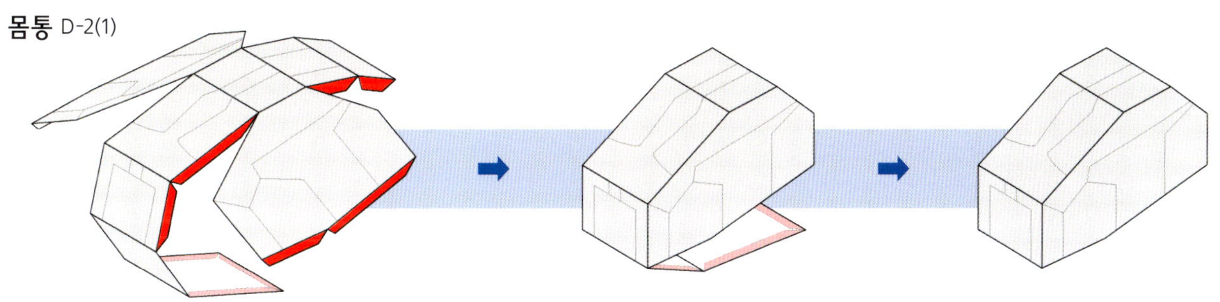

꼬리 가시1 D-3(2)

꼬리 가시2 D-3(3)

꼬리 D-3

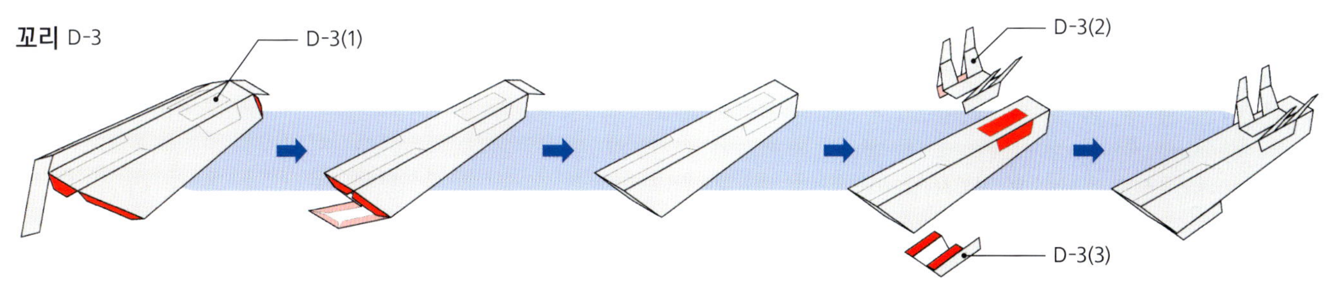

앞다리 D-4b / D-4a

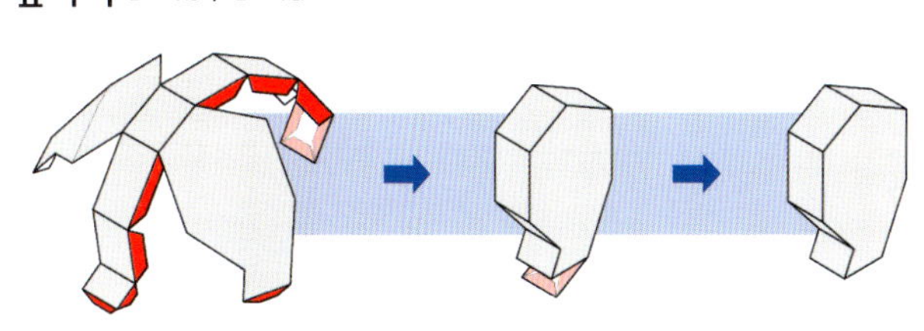

뒷다리 D-5b / D-5a

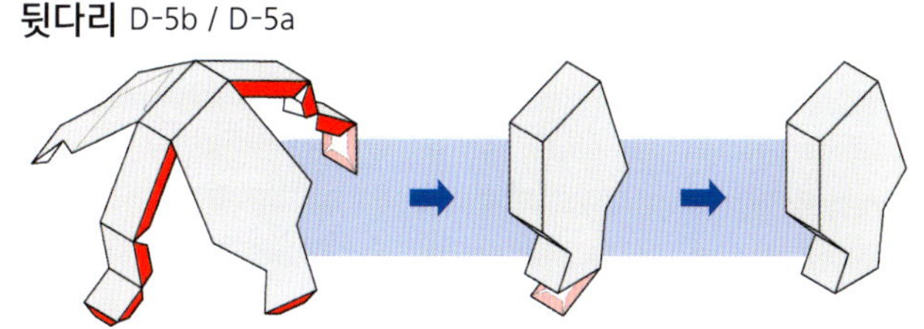

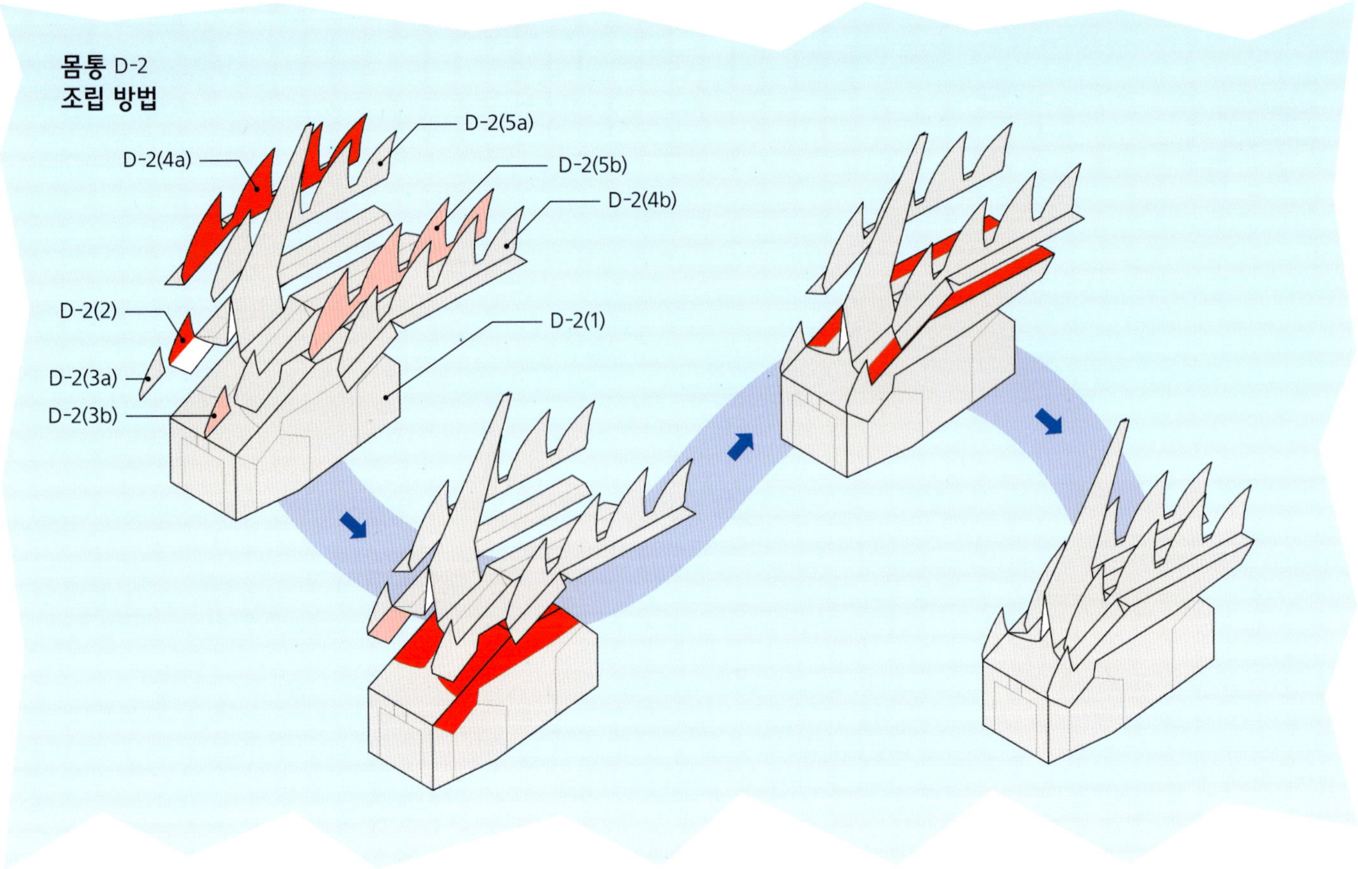

몸통 D-2
조립 방법
D-2(4a)
D-2(5a)
D-2(5b)
D-2(4b)
D-2(2)
D-2(1)
D-2(3a)
D-2(3b)

D-5a
D-2
D-4a
D-3
D-5b
D-4b
D-1
스테고치
완성!

스테고치 조립 방법

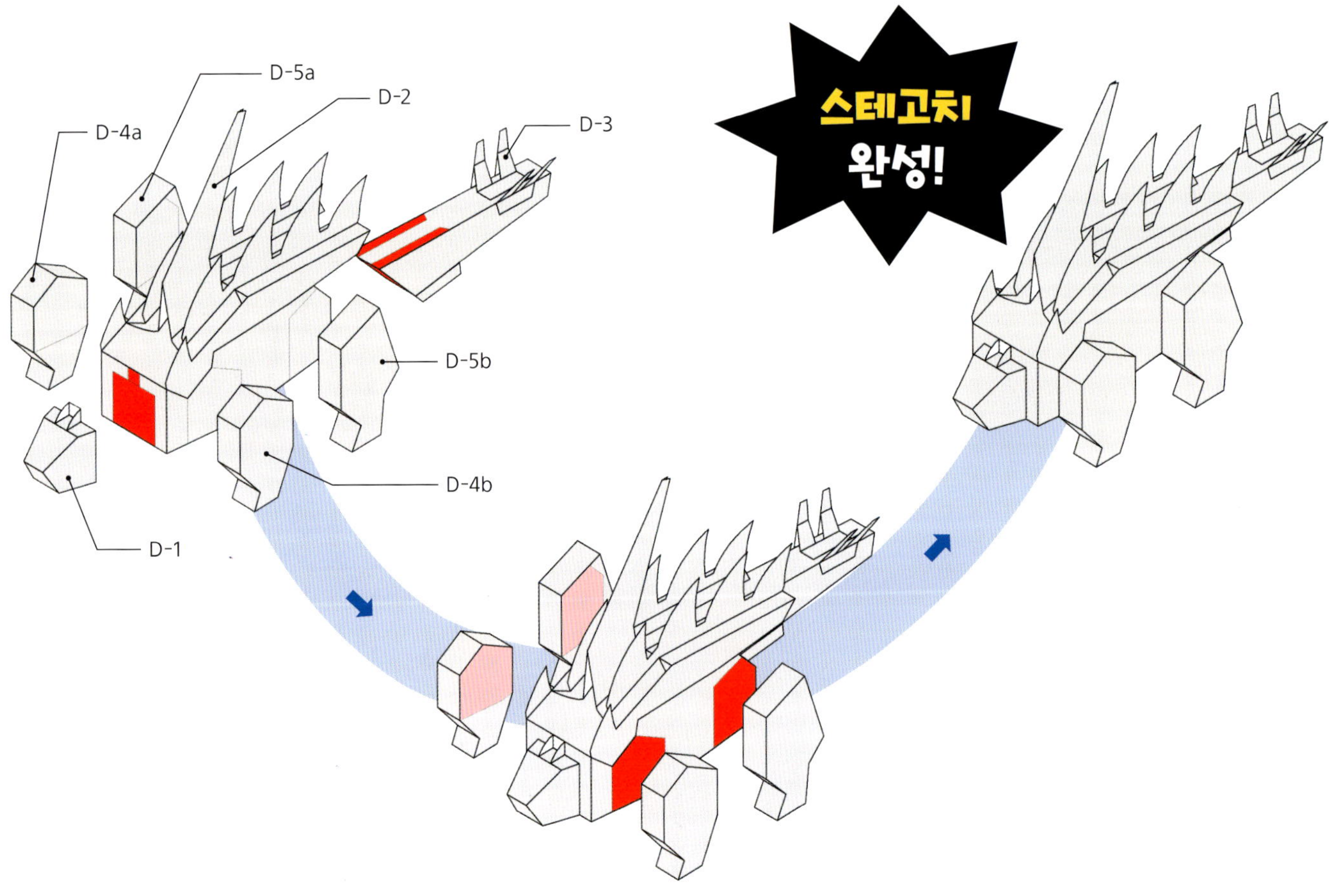

파라사건 만드는 방법

머리 E-1(1)

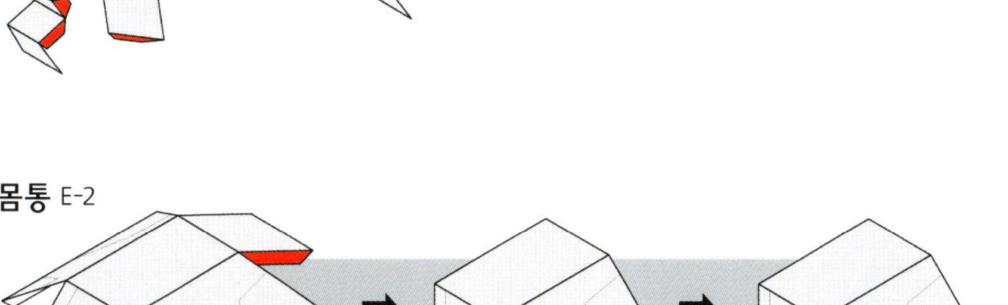

머리 뿔 E-1(2)

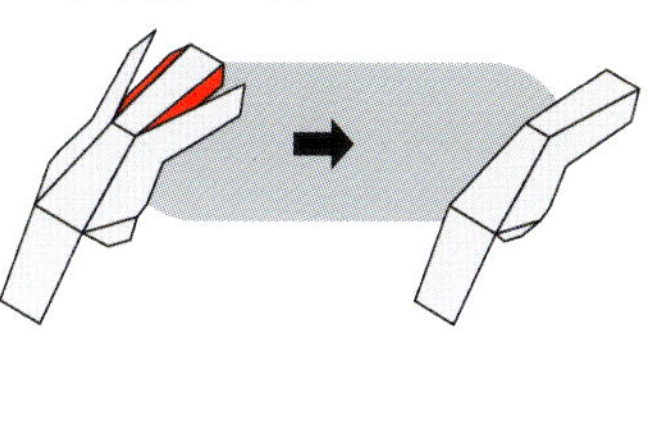

몸통 E-2

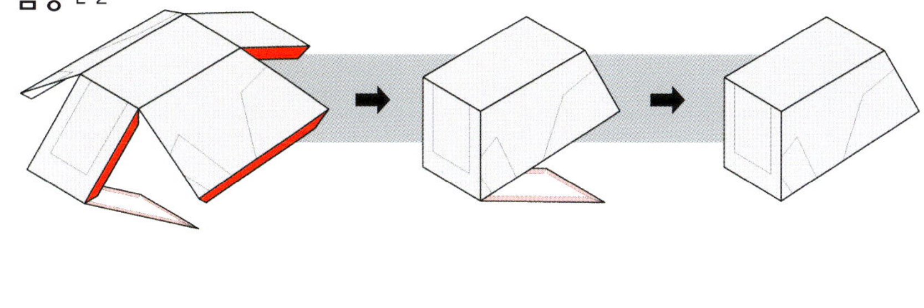

머리 E-1 조립 방법

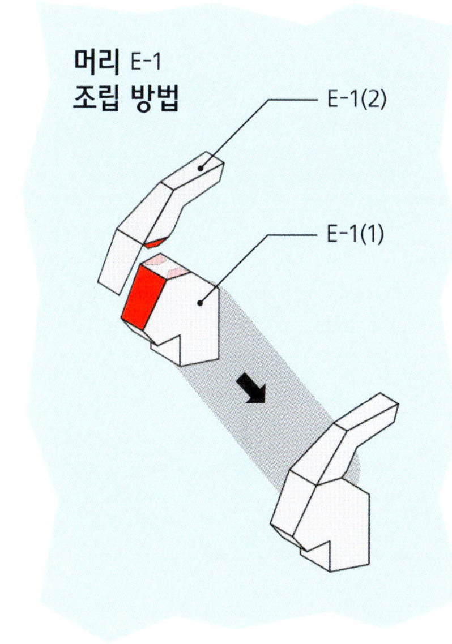

꼬리 E-3

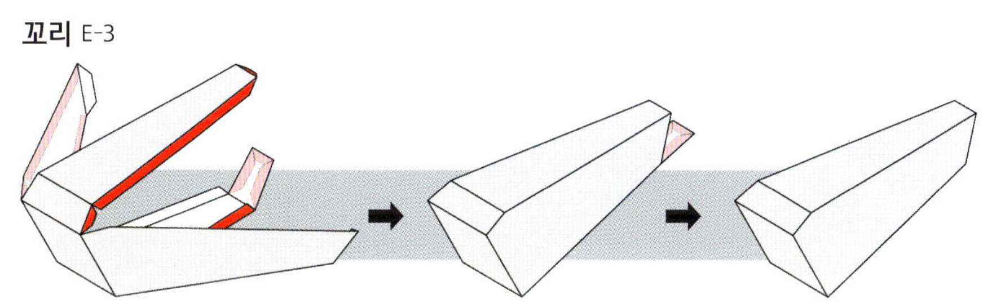

앞다리 E-4b / E-4a

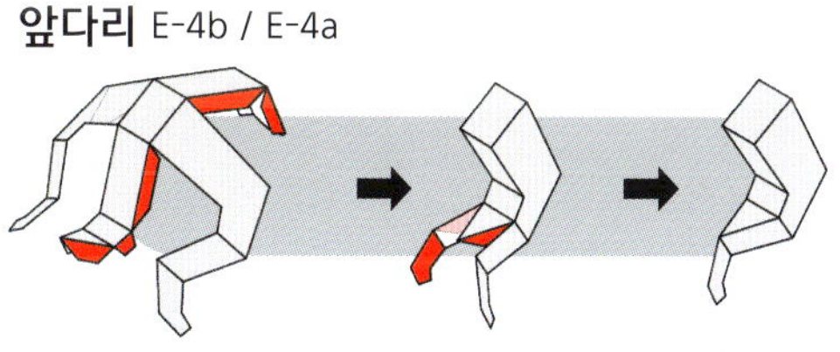

뒷다리 E-5b / E-5a

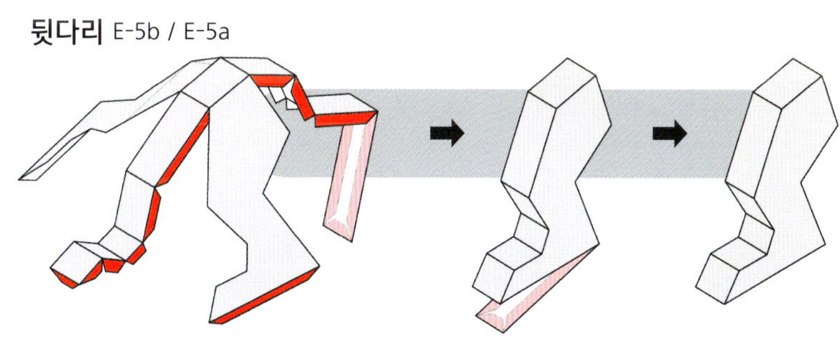

▼▼▼▼▼▼▼▼▼▼▼▼▼▼▼▼ 파라사건 조립 방법

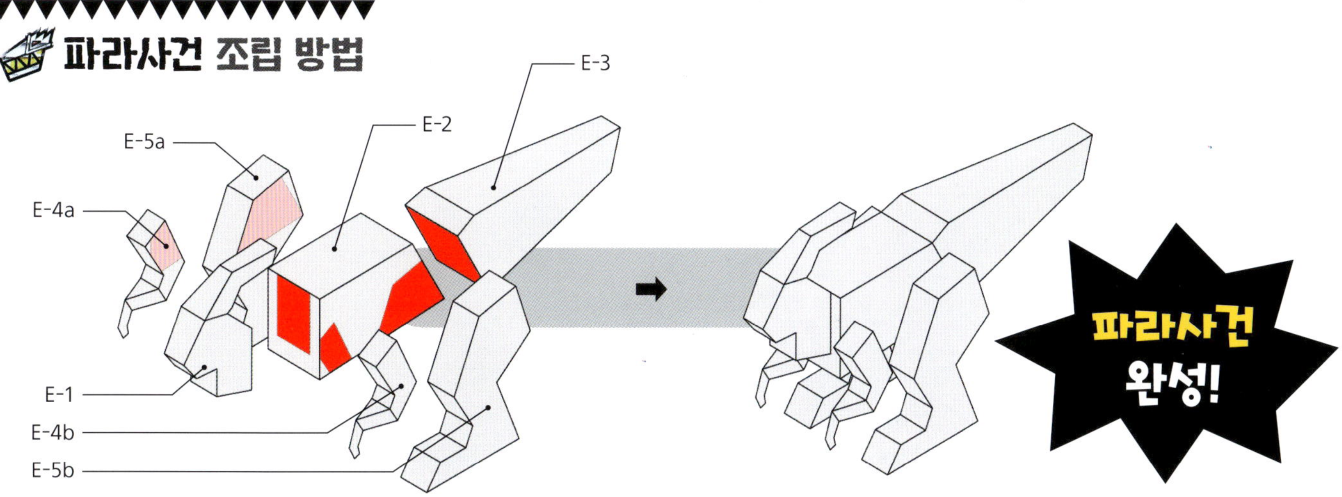

작토르 만드는 방법
앞면
풀칠하는 면
붙이는 면

머리 F-1

몸통 F-2
꼬리 F-3
F-3(1)
F-3(2)

앞다리 F-4b / F-4a
뒷다리 F-5b / F-5a

작토르 조립 방법
F-5a
F-4a
F-2
F-3
F-1
F-4b
F-5b

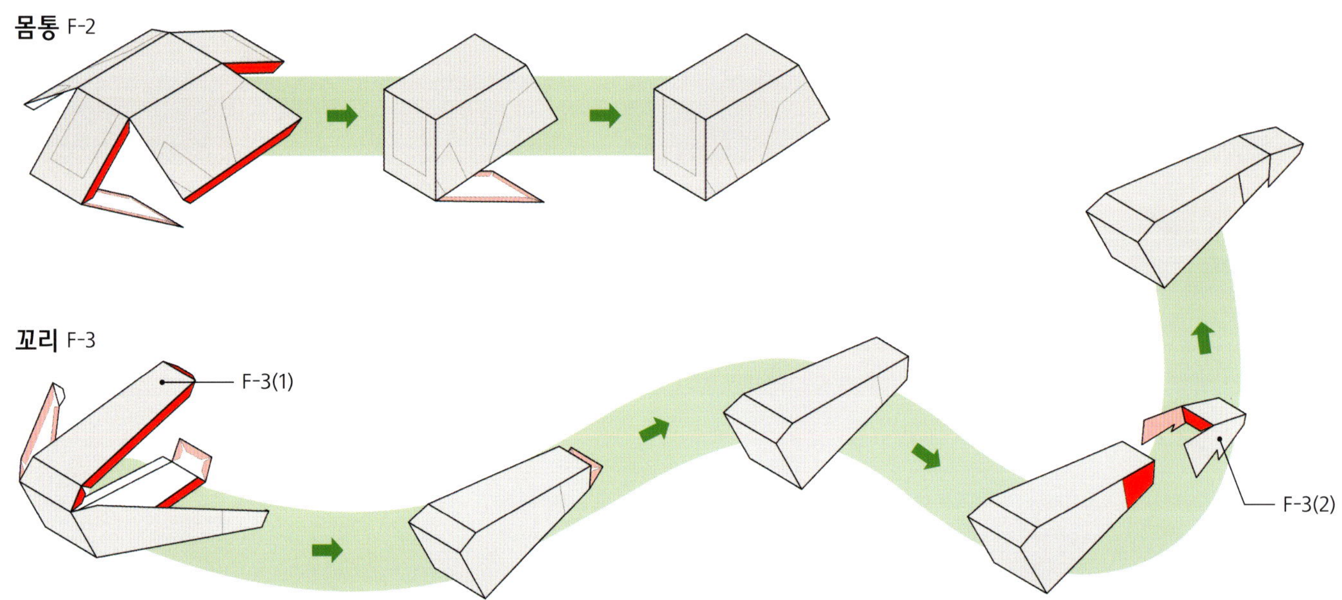

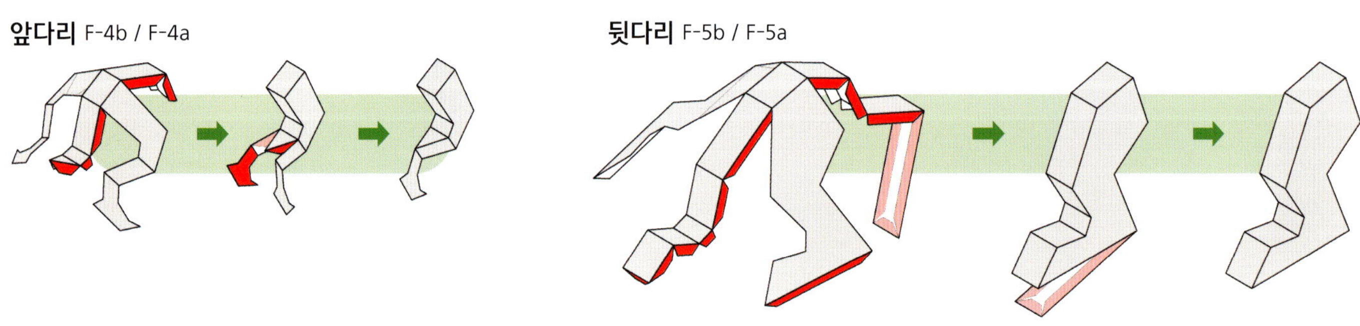

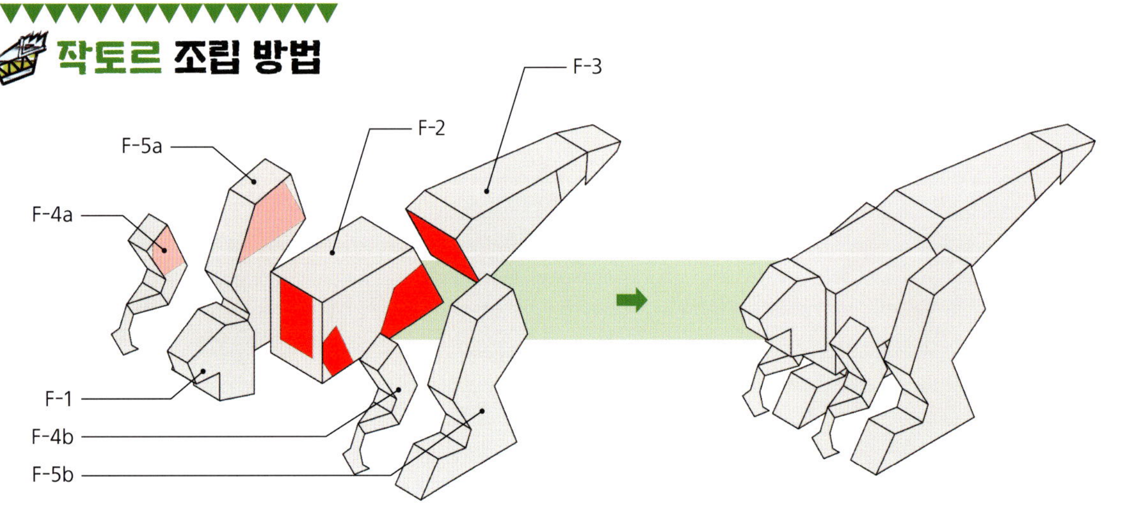

삼각 스케줄표 만들기

자르는 선에 맞추어 자른 후, 점선대로 접어 붙여 주세요.

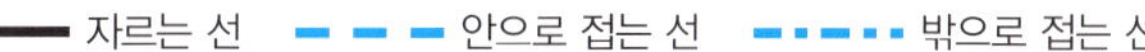

──── 자르는 선   ─ ─ ─ 안으로 접는 선   ─·─·─ 밖으로 접는 선

	MON	TUE	WED	THU	FRI	SAT
1						
2						
3						
4						
5						
6						
7						

시간표

학교　　학년　　반

이름

SUN

WED

SAT

TUE

FRI

MON

THU

Weekly

풀칠하는 곳

풀칠하는 곳

삼각 스케줄표 만들기

자르는 선에 맞추어 자른 후, 점선대로 접어 붙여 주세요.

—— 자르는 선   - - - 안으로 접는 선   -·-·- 밖으로 접는 선

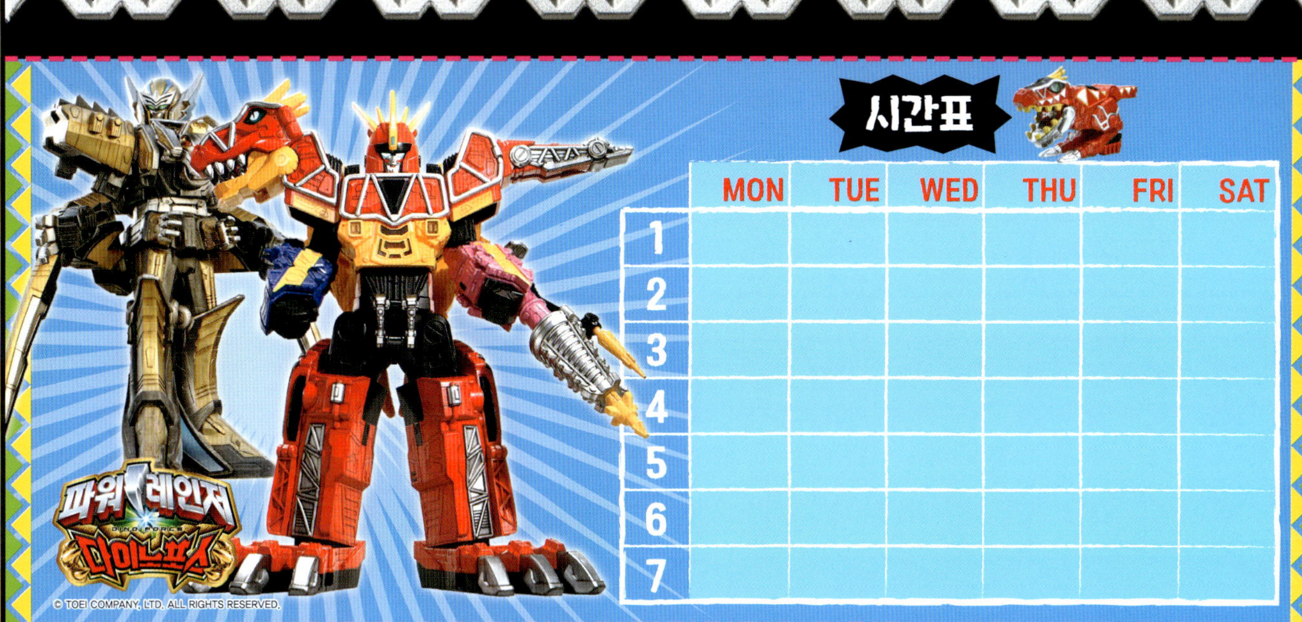

학년   반
이름

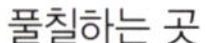
풀칠하는 곳

풀칠하는 곳

파워 다이노 가브티라

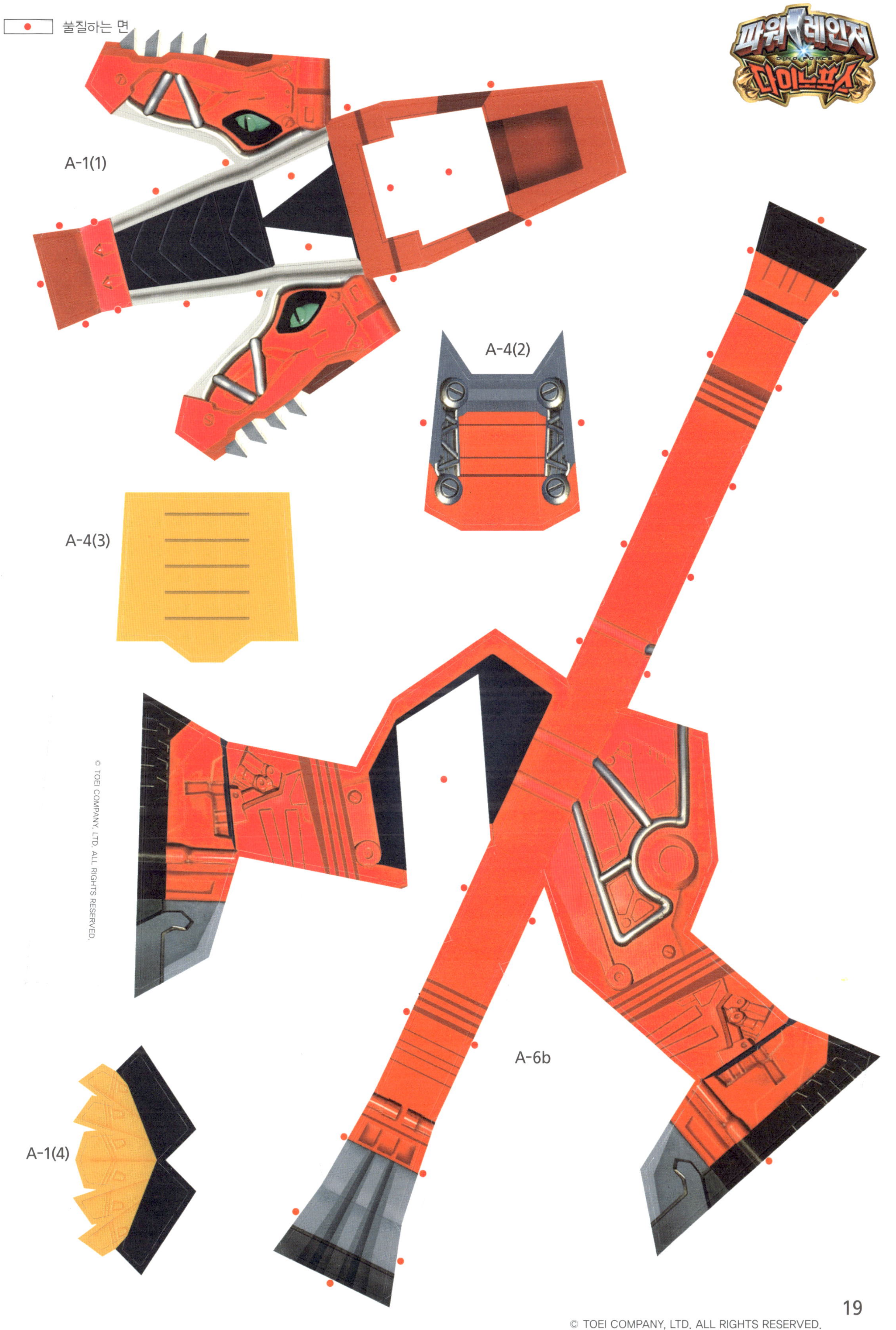
풀칠하는 면
A-1(1)
A-4(2)
A-4(3)
A-6b
A-1(4)
파워 레인저
다이노포스
19
© TOEI COMPANY, LTD. ALL RIGHTS RESERVED.
© TOEI COMPANY, LTD. ALL RIGHTS RESERVED.

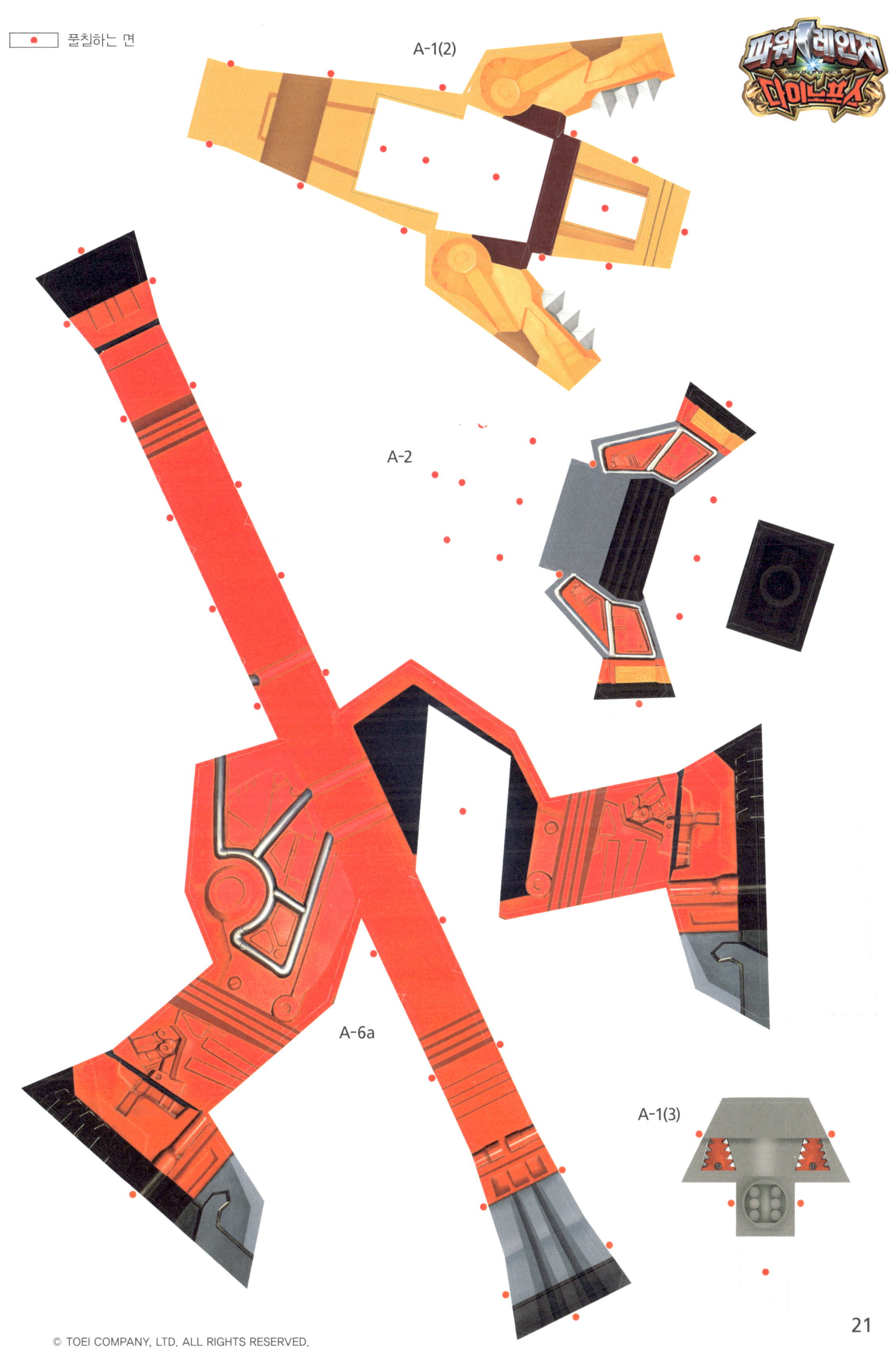
풀칠하는 면
A-1(2)
A-2
A-6a
A-1(3)
21

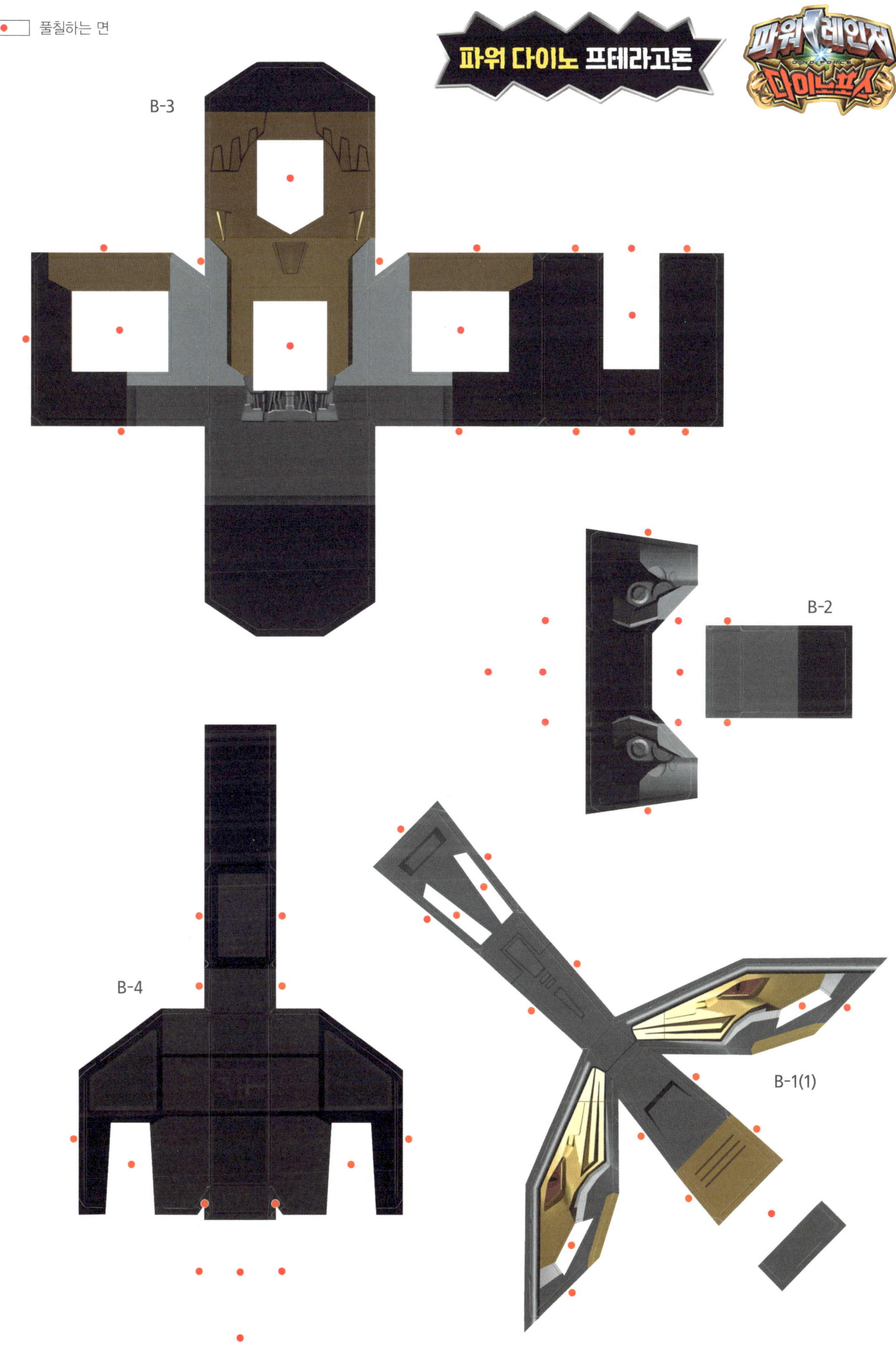

풀칠하는 면
파워 다이노 프테라고돈
B-3
B-2
B-4
B-1(1)

B-6(1b)
B-7
B-5(1b)
B-5(2b)
B-6(2b)
© TOEI COMPANY, LTD. ALL RIGHTS RESERVED.
파워레인저 다이노포스

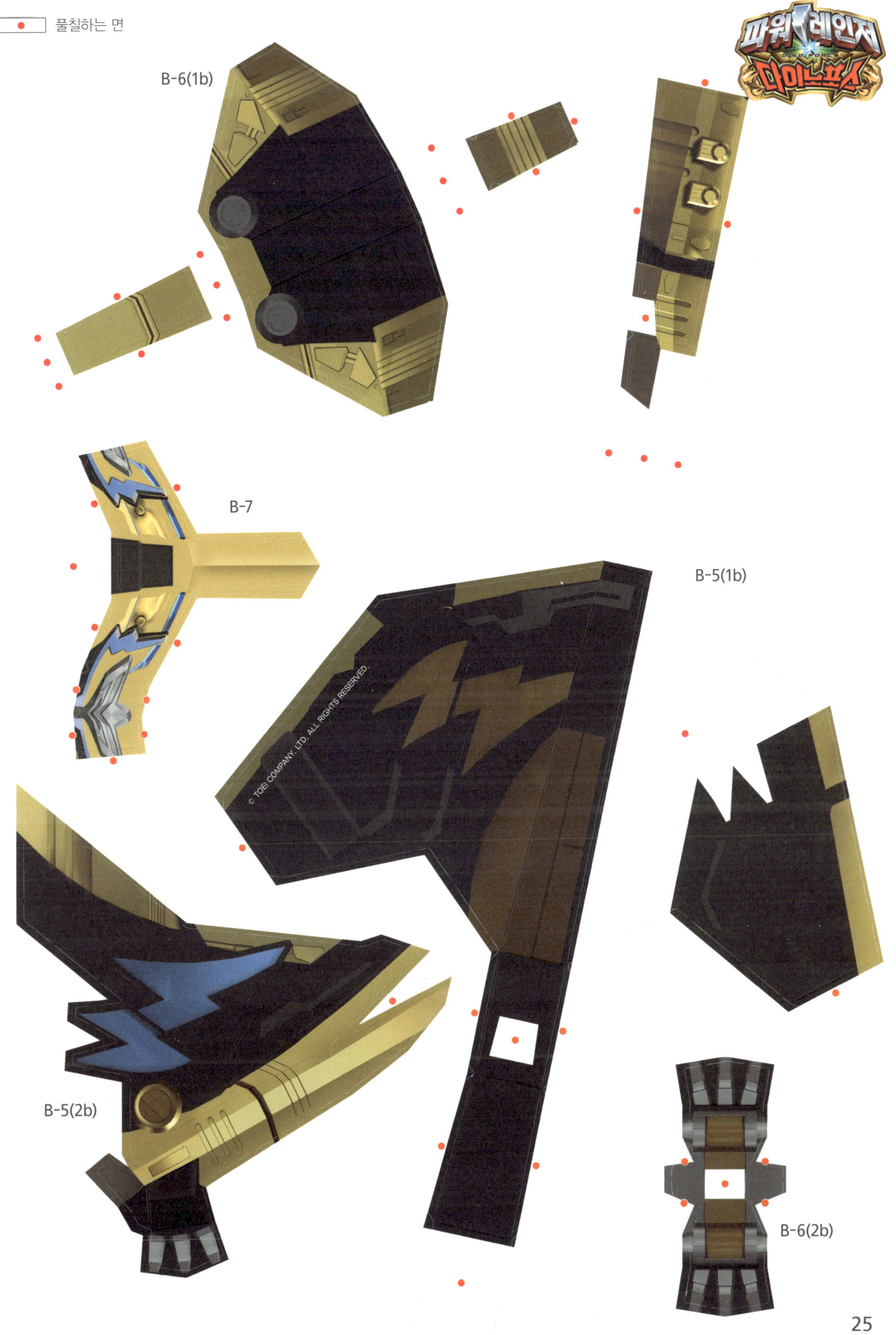

25

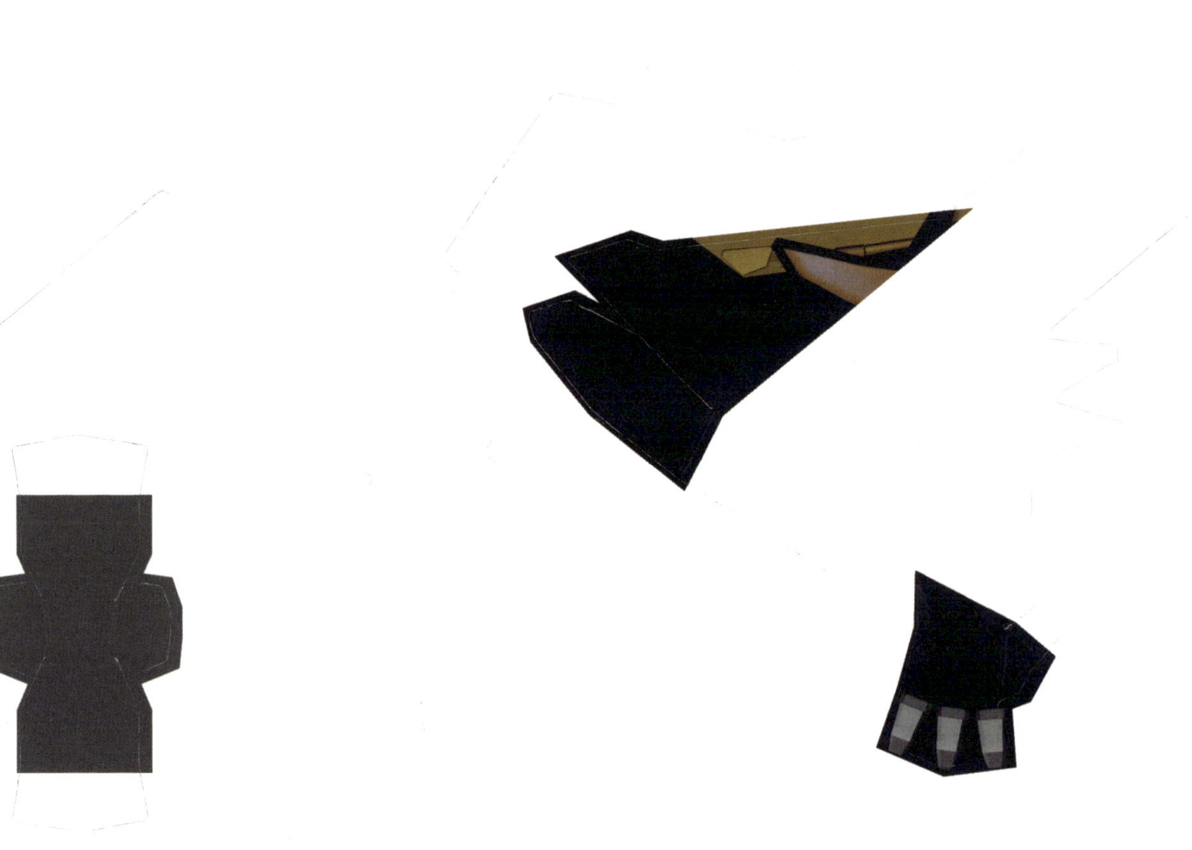

27

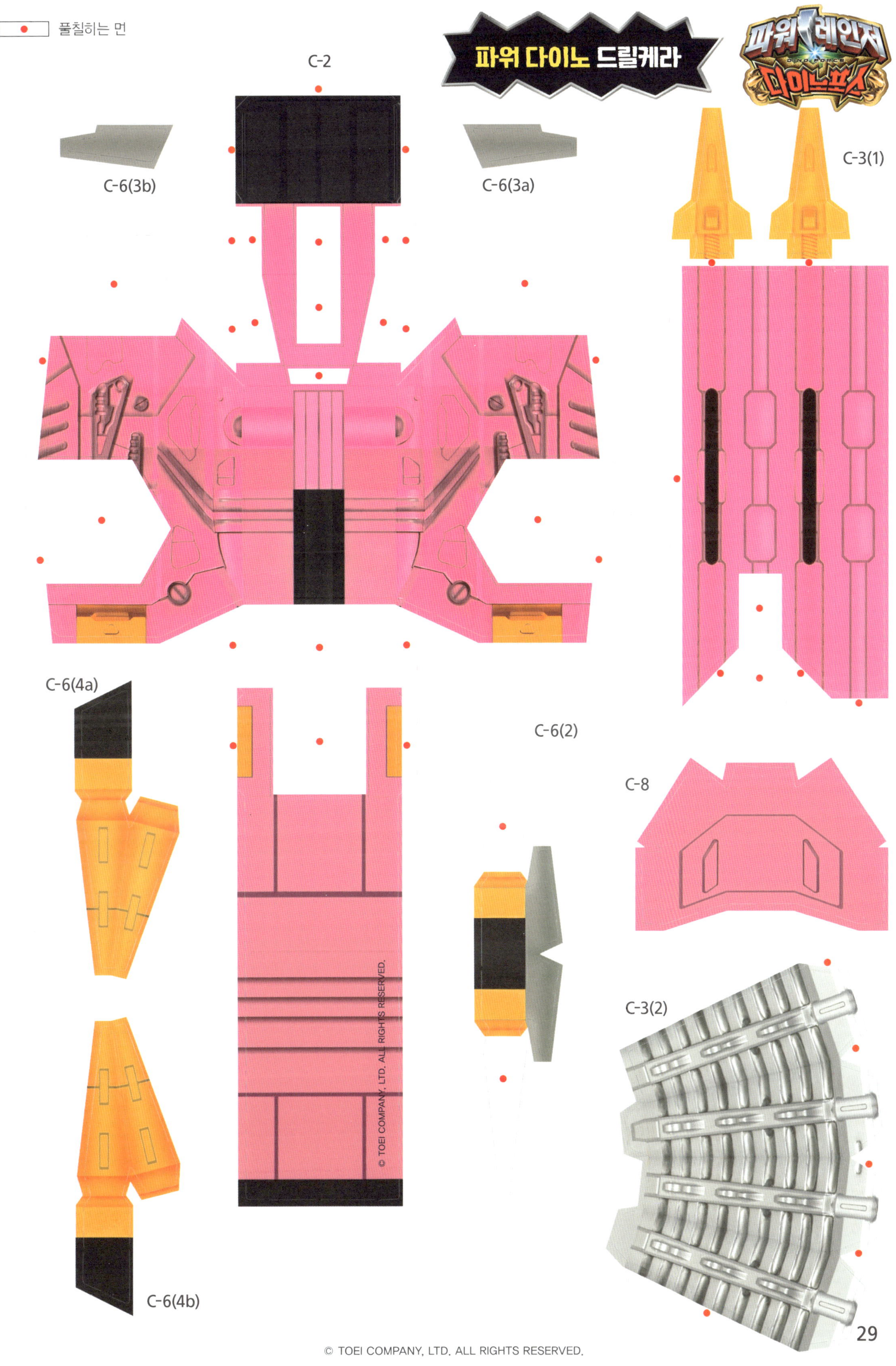
풀칠하는 면
파워 다이노 드릴케라
파워 레인저
다이노포스
C-2
C-6(3b)
C-6(3a)
C-3(1)
C-6(4a)
C-6(2)
C-8
C-3(2)
C-6(4b)
© TOEI COMPANY, LTD. ALL RIGHTS RESERVED.
29

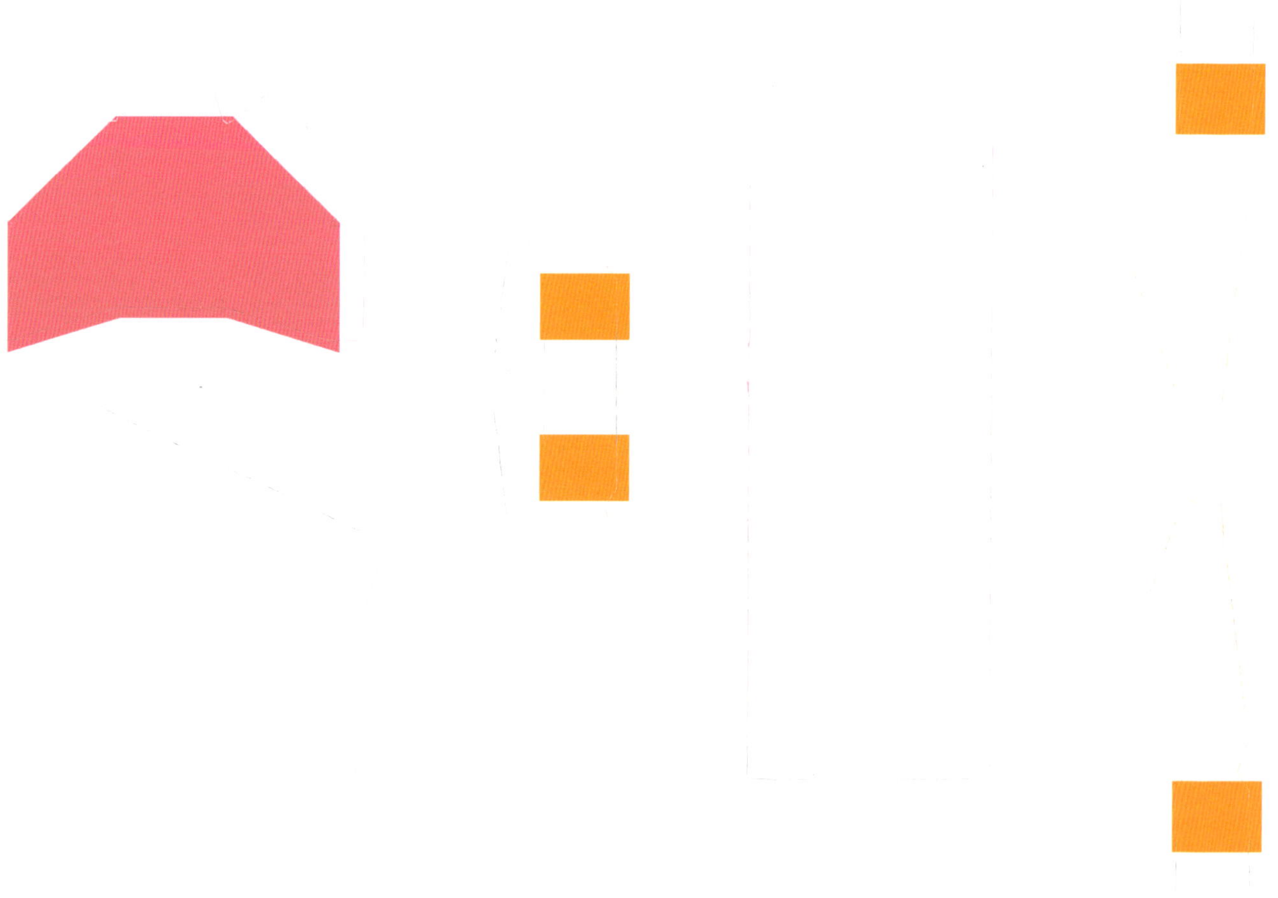

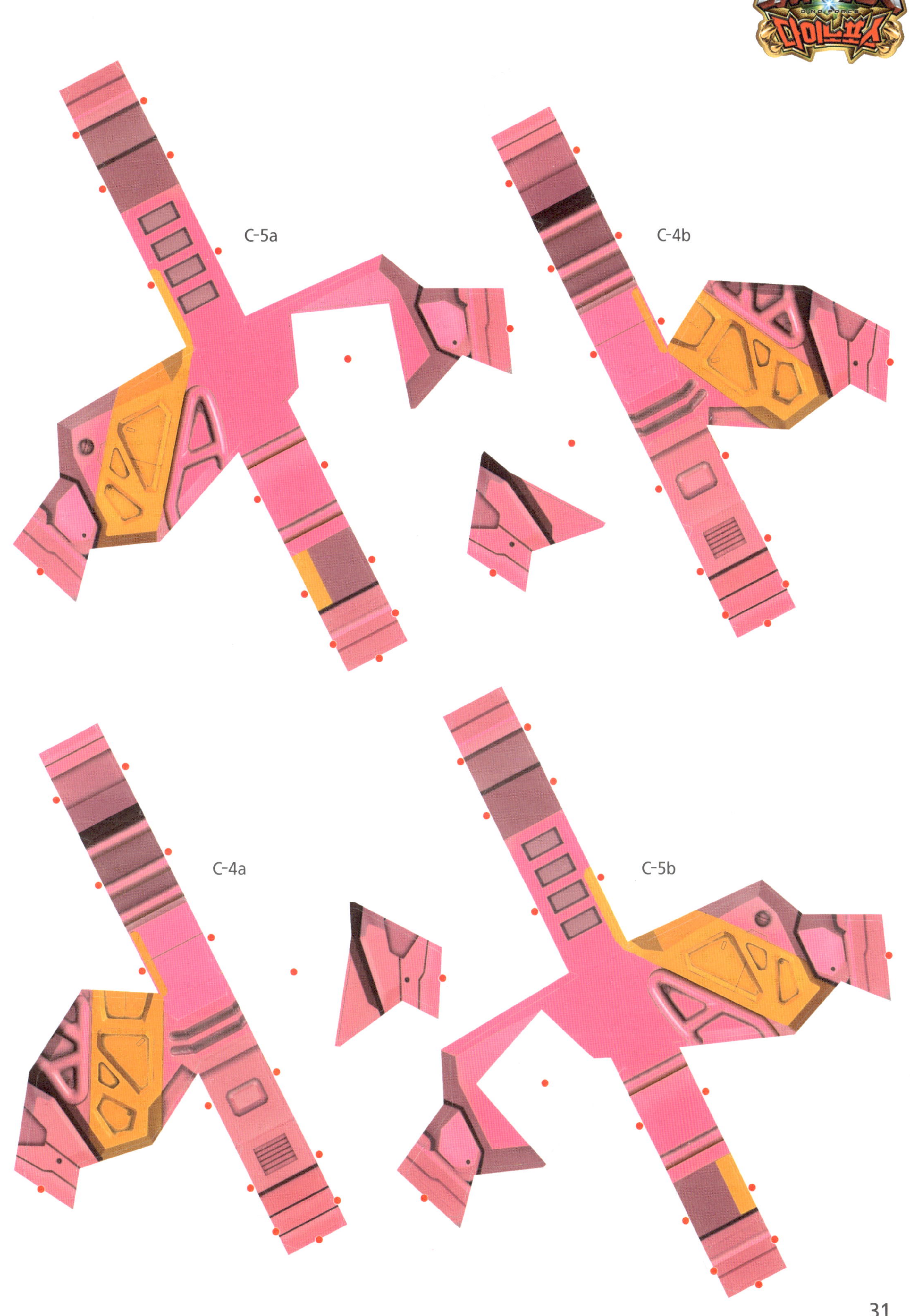

C-5a
C-4b
C-4a
C-5b

풀칠하는 면
파워 다이노 스테고치
파워레인저 다이노포스
D-1(1)
C-1(1)
D-2(5a)
D-2(5b)
C-6(1)
C-1(2)
D-1(2)
D-2(4b)
D-2(4a)
D-2(3b)
D-2(2)
D-2(3a)

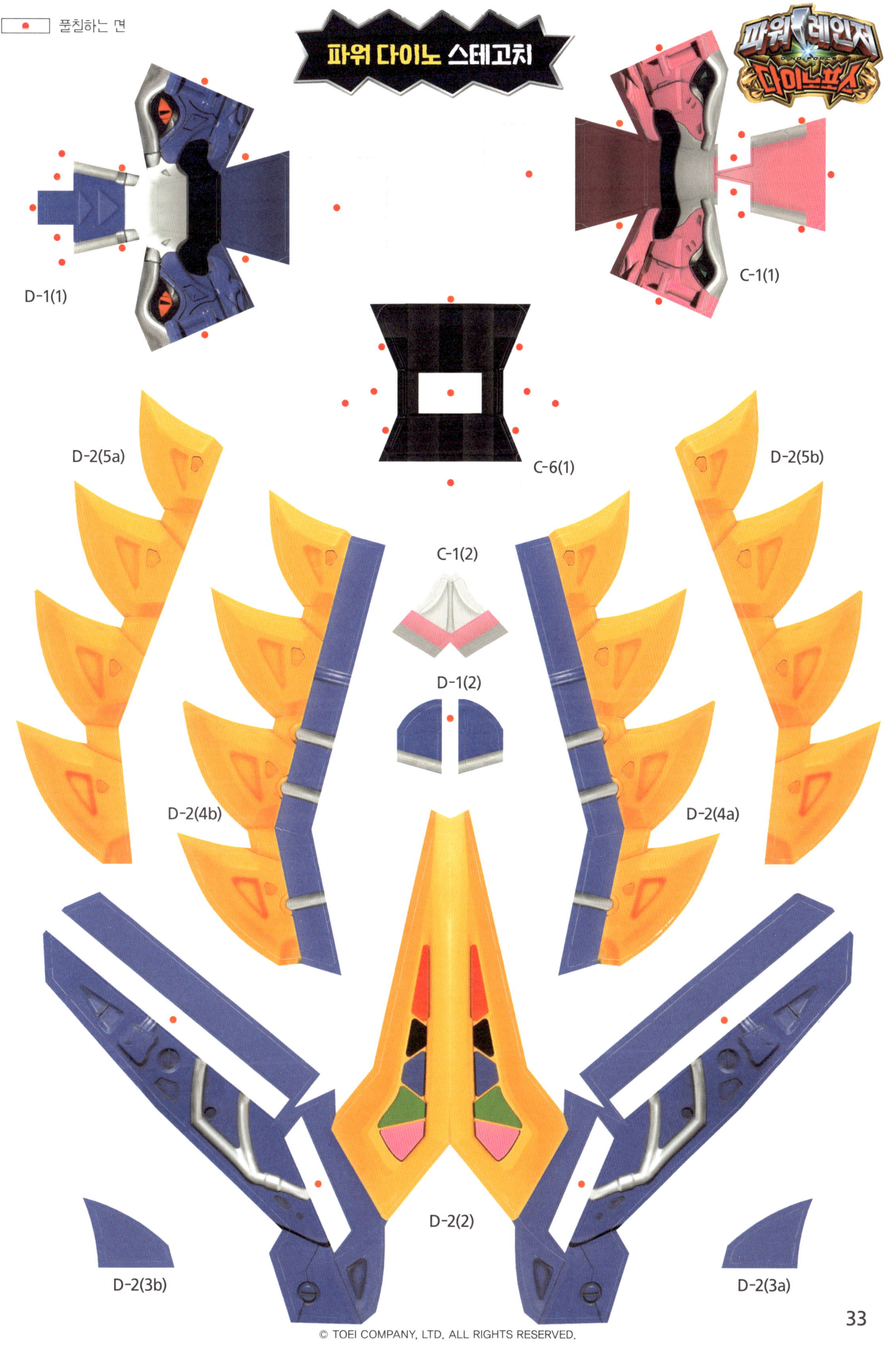

33

풀칠하는 면

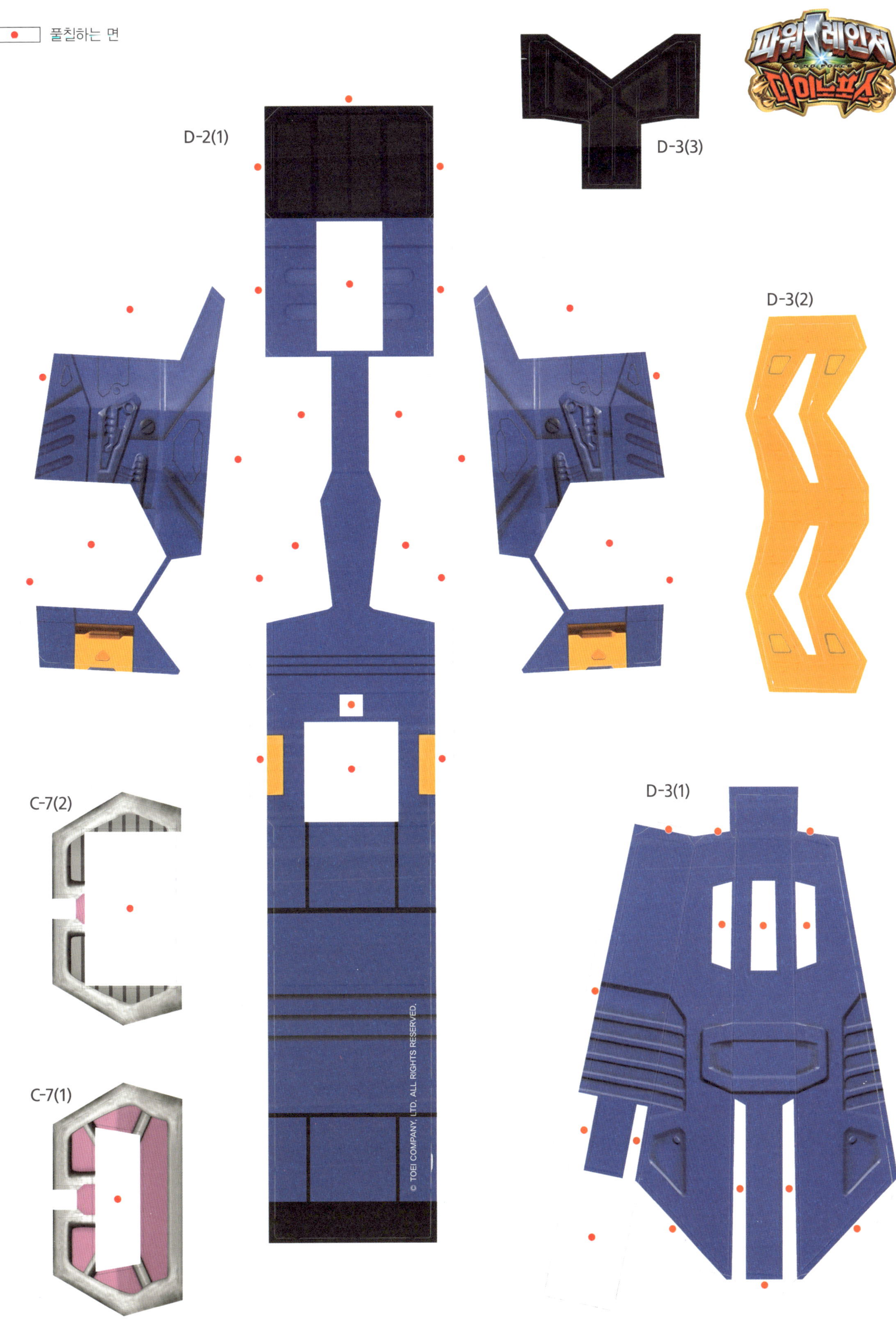
파워레인저
다이노포스
D-2(1)
D-3(3)
D-3(2)
D-3(1)
C-7(2)
C-7(1)
© TOEI COMPANY, LTD. ALL RIGHTS RESERVED.

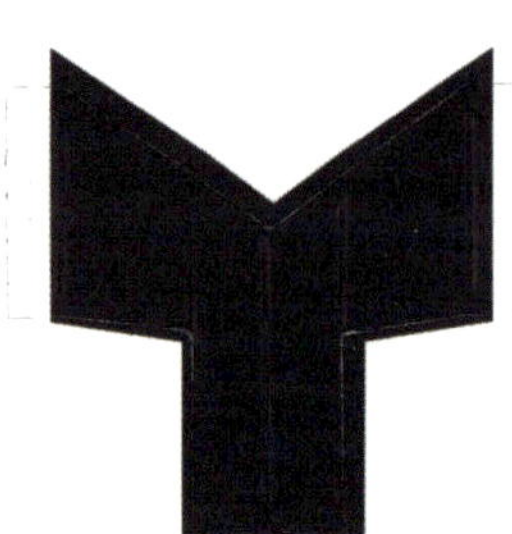

풀칠하는 면

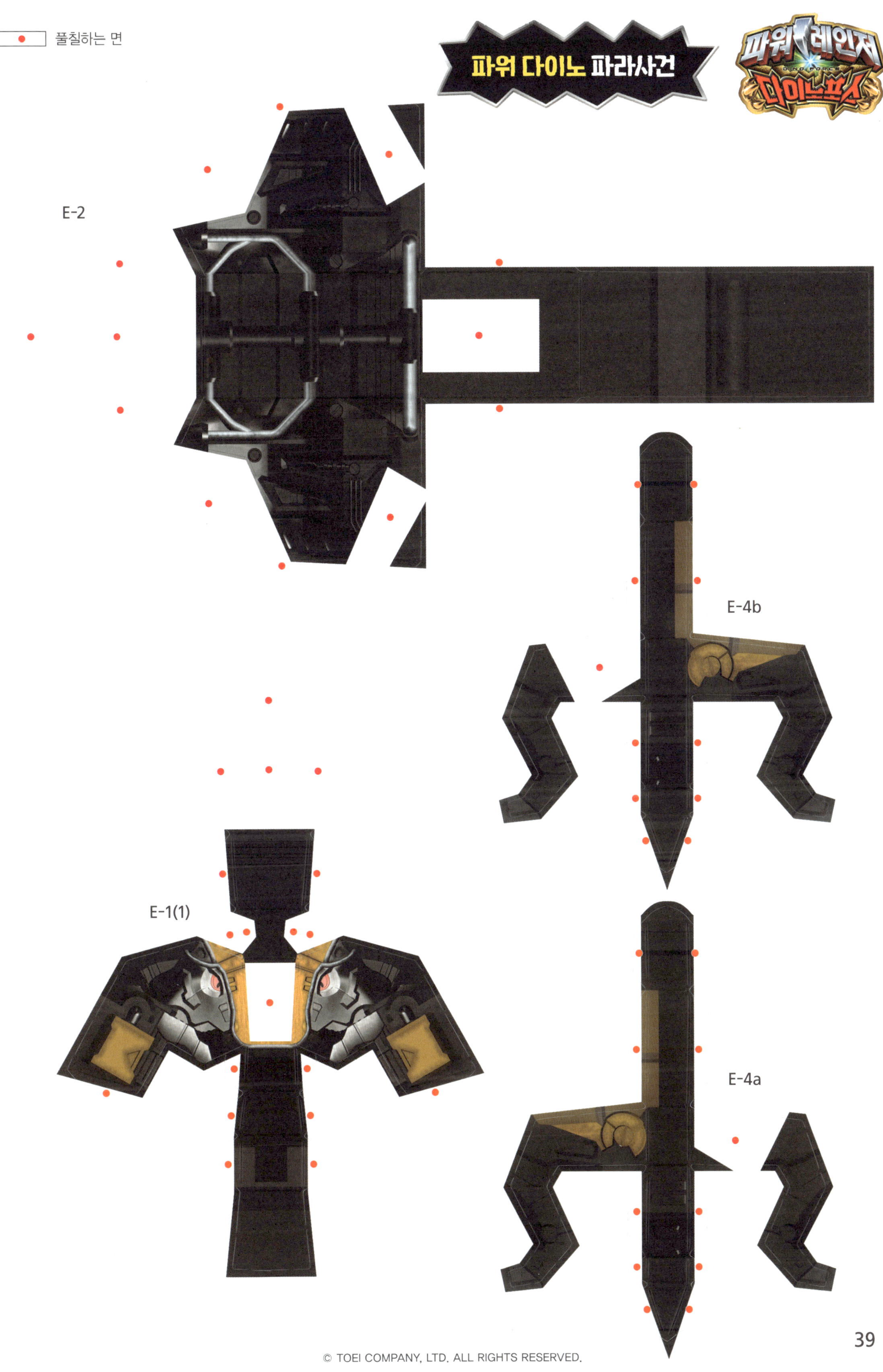
파워 다이노 파라사건
파워레인저 다이노포스
E-2
E-4b
E-1(1)
E-4a

풀칠하는 면

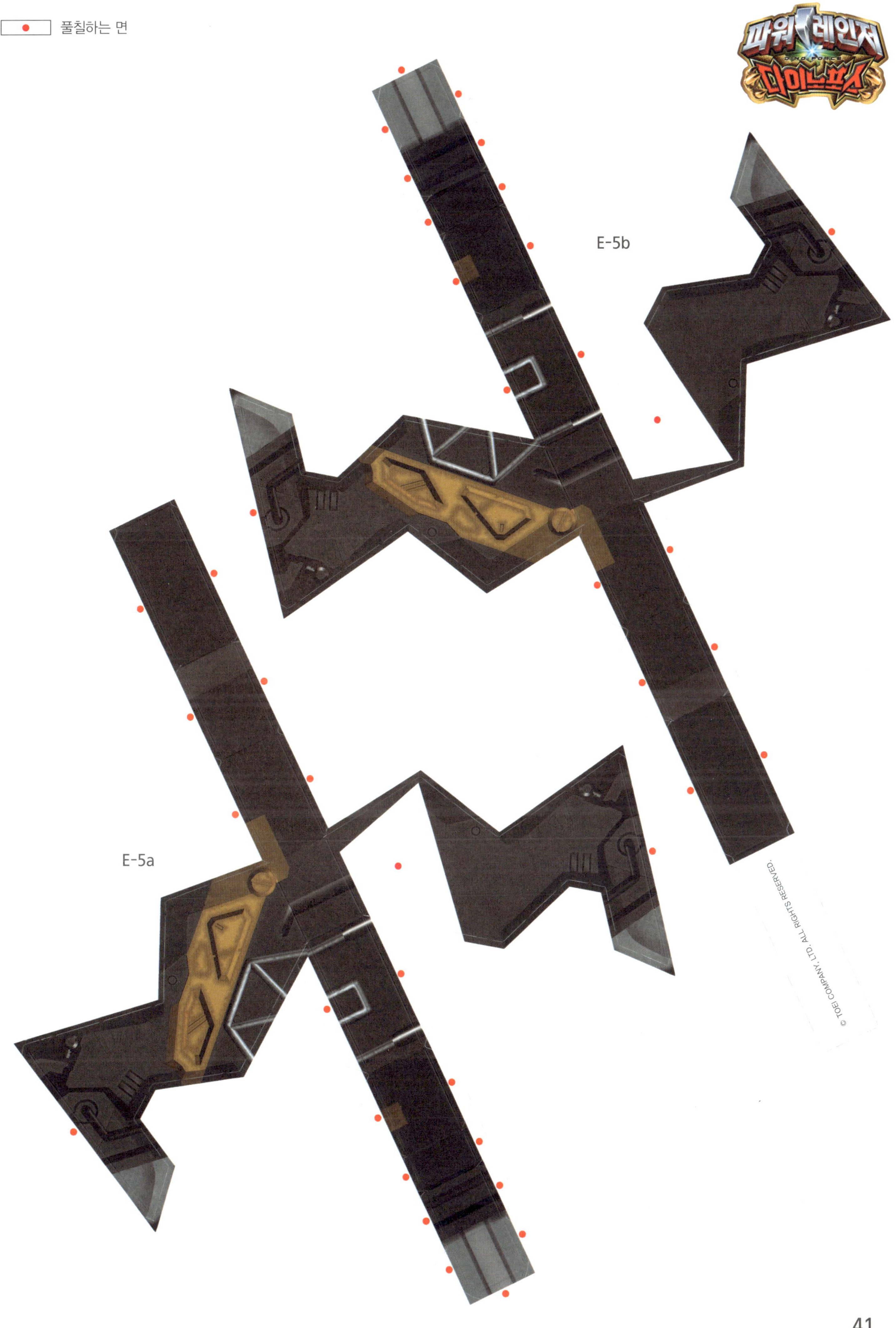
E-5b
E-5a
파워 레인저
다이노포스
© TOEI COMPANY, LTD. ALL RIGHTS RESERVED.

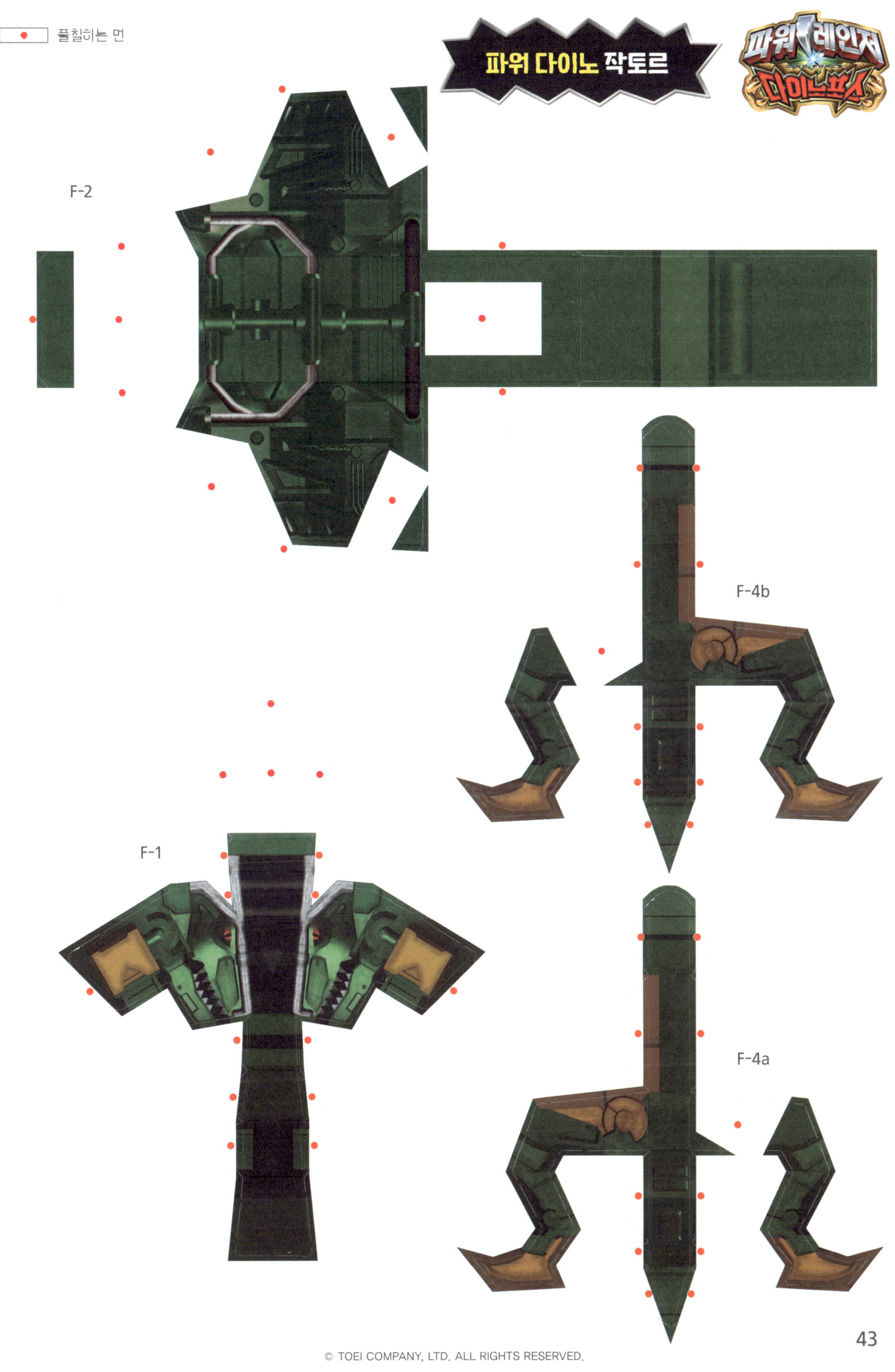

43

F-5b

F-5a

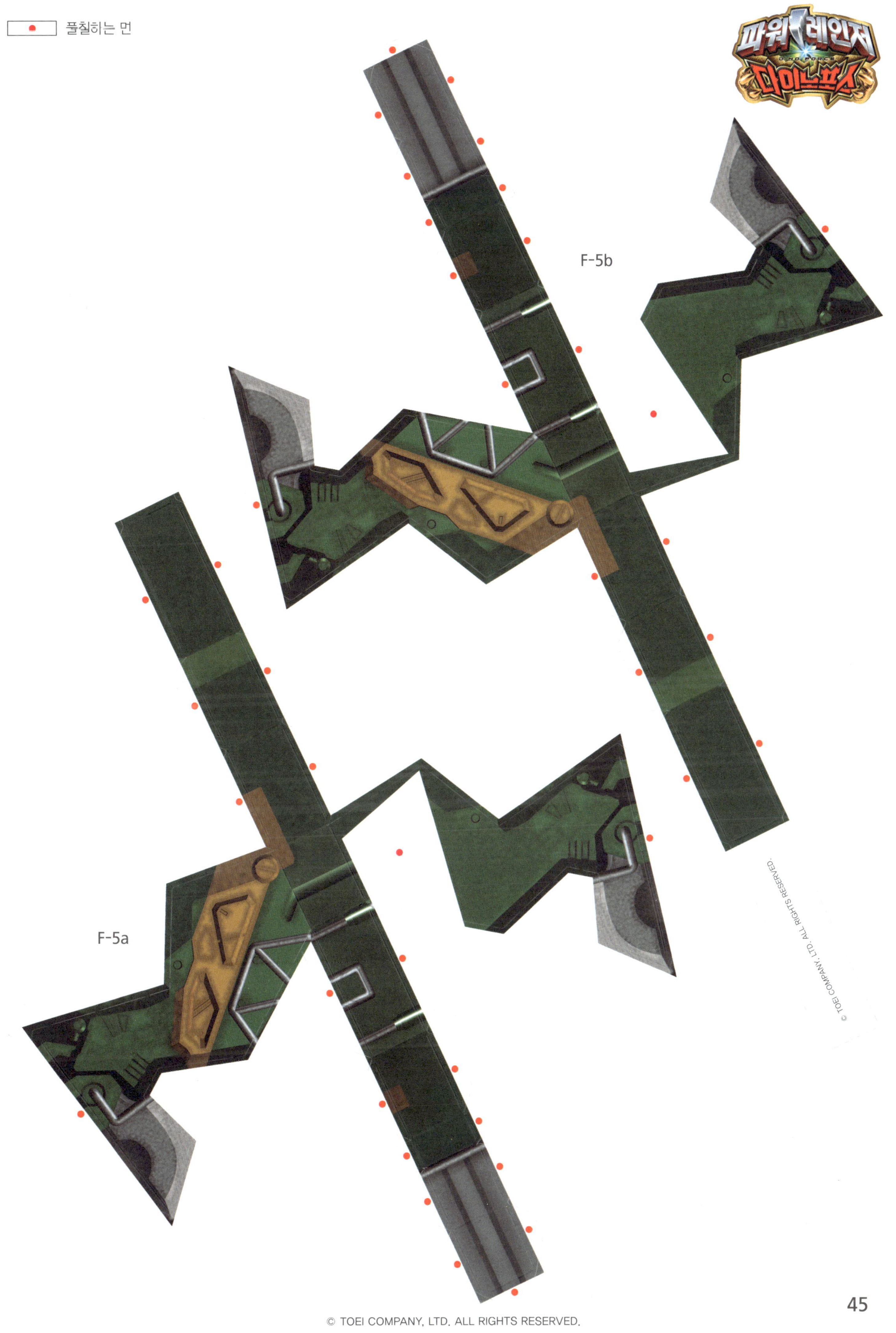

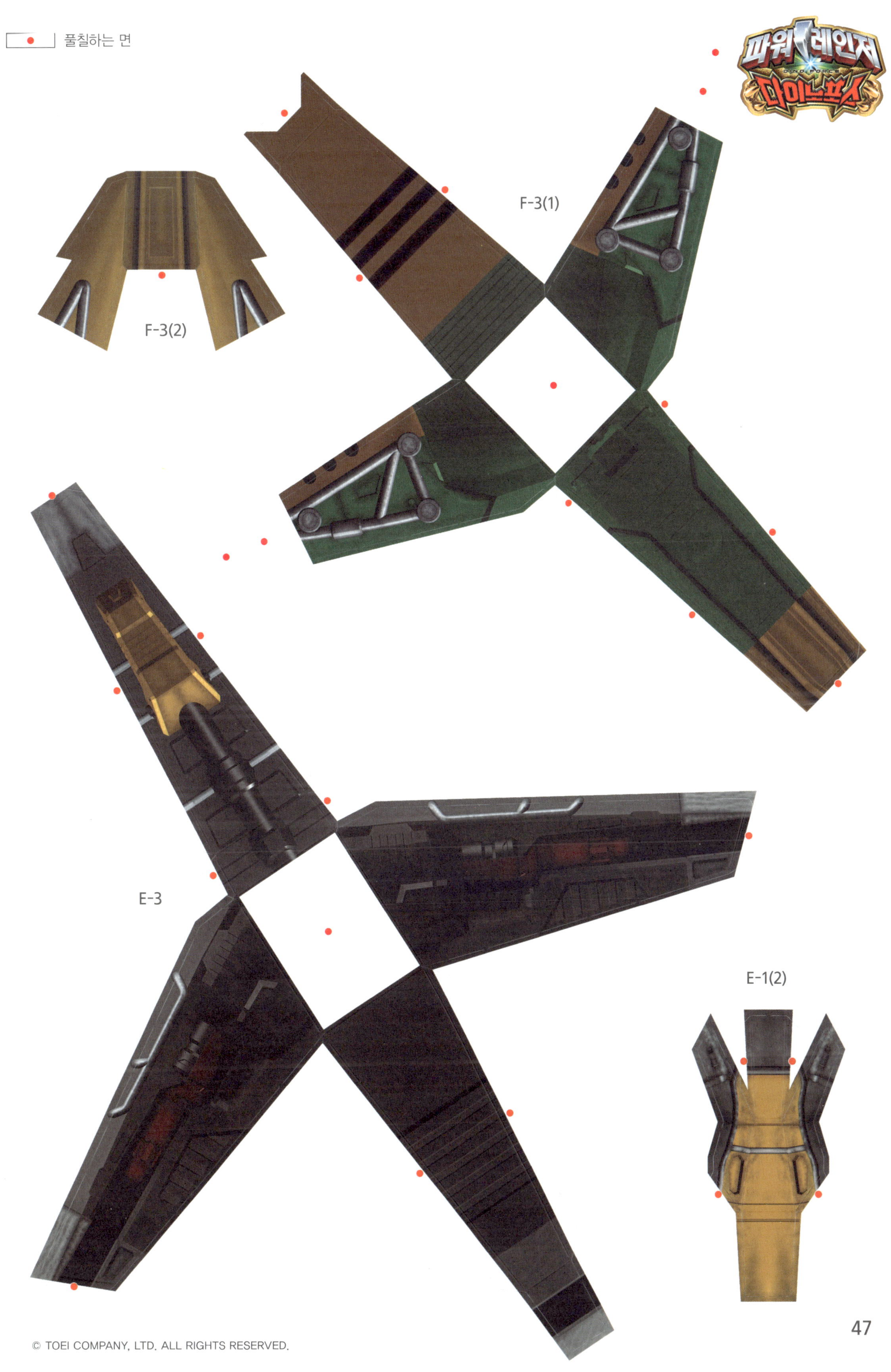

풀칠하는 면
F-3(1)
F-3(2)
E-3
E-1(2)
47